한 번 알아두면 평생 써먹는

GO!독학
일본어 패턴
202

김예원 · 시원스쿨어학연구소 지음

S 시원스쿨닷컴

GO!독학
일본어 패턴
202

초판 1쇄 발행 2024년 9월 6일
초판 2쇄 발행 2024년 12월 13일

지은이 김예원, 시원스쿨어학연구소
펴낸곳 (주)에스제이더블유인터내셔널
펴낸이 양홍걸 이시원

홈페이지 japan.siwonschool.com
주소 서울시 영등포구 영신로 166 시원스쿨
교재 구입 문의 02)2014-8151
고객센터 02)6409-0878

ISBN 979-11-6150-887-0 13730
Number 1-310301-18180421-09

머리말

문법 따로, 회화 따로? 이제는 패턴이다!

    책에서 나오는 일본어 문법을 열심히 공부하고 수많은 단어를 외웠는데, 막상 머릿속에서 문장을 만들어 대화를 하려고 하면 어려움을 느끼셨던 분들, 대화를 하고 싶어서 문장을 통째로 외웠는데 실생활에서는 상대방의 말을 이해할 수 없어 어려움을 느끼셨던 분들, 이제 『GO! 독학 일본어 패턴 202』로 공부해보시는 건 어떨까요?

    이 책에서 나오는 패턴이란, 원어민이 구사하는 일본어에서 반복되는 표현들을 단어만 바꾸면 다양한 문장으로 만들 수 있게 구성한 단위를 말합니다. 말하자면, 일정한 패턴과 단어만 알고 있으면 상황에 맞게 여러 가지 문장을 구사할 수 있게 된다는 것이죠.

    이 책은 가장 기본적인 필수 패턴부터 말의 맛을 살려주는 원어민의 일상 패턴까지 순차적으로 학습할 수 있으며, 일본어 자격 시험(JLPT)에서 빠지지 않고 등장하는 문장까지 한 번에 학습할 수 있는 도서입니다. 1패턴당 5문장씩, 200개의 패턴을 공부하면 1,000개의 문장을 만들 수 있게 되고, 책에 나온 단어 외에 이미 알고 있는 다양한 단어를 활용한다면 여러분 스스로 만들 수 있는 문장은 무궁무진해질 것입니다.

중요한 것은 반복!

    다양한 패턴과 단어를 익혔다면 다음으로 중요한 것은 매일 꾸준히 반복하는 것입니다. 한 개의 패턴을 공부하면서 다양한 문장을 만들어 보고, 연습 문제를 통해 만들고 싶은 문장이 바로바로 생각날 수 있을 때까지 반복 연습을 하다 보면 확실하게 내 것으로 만들 수 있을 것입니다.

    여러분이 일본어를 보다 재미있고, 효과적이며, 간편하게 학습하시는 데 『GO! 독학 일본어 패턴 202』 책이 꼭 도움이 되기를 기대합니다. 끝으로 이 교재를 만드는 데 노력해 주시고 도움을 주신 시원스쿨 편집부와 저의 강의와 교재로 공부하시는 모든 학습자분들께 감사 말씀 전합니다.

    감사합니다.

김예원

목차 🧭

CHAPTER 1 　꼭 알아야 할 기본 패턴

CHAPTER 2 가장 자주 쓰는 필수 패턴

CHAPTER 3 자연스러운 대화의 핵심 패턴

CHAPTER 4 응용력을 높여주는 확장 패턴

이 책의 구성 및 활용

STEP 1 기본 패턴 ▶ 필수 패턴 ▶ 핵심 패턴 ▶ 확장 패턴 순으로 단계별로 학습해요!

1단계

2단계

3단계

4단계

200가지 패턴을 가장 기본적인 패턴부터 문장의 맛을 살려주는 응용 패턴까지 총 4개의 챕터로 구분하여 난이도 순으로 학습할 수 있습니다.

STEP 2 하루 딱 1페이지씩만! 가볍지만 효율적으로 학습해요!

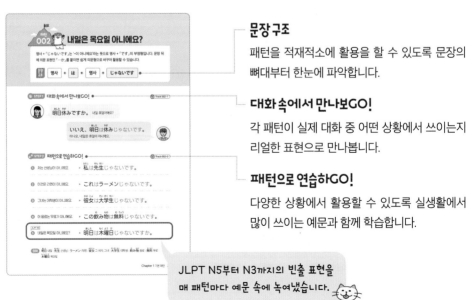

문장 구조
패턴을 적재적소에 활용을 할 수 있도록 문장의 뼈대부터 한눈에 파악합니다.

대화 속에서 만나보GO!
각 패턴이 실제 대화 중 어떤 상황에서 쓰이는지 리얼한 표현으로 만나봅니다.

패턴으로 연습하GO!
다양한 상황에서 활용할 수 있도록 실생활에서 많이 쓰이는 예문과 함께 학습합니다.

JLPT N5부터 N3까지의 빈출 표현을 매 패턴마다 예문 속에 녹여냈습니다.

배운 내용을 잘 활용할 수 있는지 학습 중간중간 내 실력을 확인해 봐요!

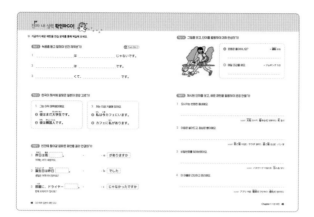

진짜 내 실력 확인하GO!

학습한 패턴을 말하기뿐만 아니라 듣기, 읽기, 쓰기까지 다양하게 연습해 보며 자신의 실력을 점검할 수 있습니다.

100패턴마다 복습하고, 내 손으로 직접 써보며 총정리해요!

빈칸 채우며 100패턴 복습하GO!

100패턴씩 학습한 후, 빈칸을 채워 보며 잊지 않도록 되짚어봅니다.

200패턴 한 번에 따라쓰GO!

전체 패턴을 따라 써 보며 완벽하게 총정리합니다.

이 책의 완벽 활용법   특별 무료 부록!

1 MP3 음원 파일   **2** 단어 테스트 PDF   **3** 말하기 트레이닝 영상

시원스쿨 일본어(japan.siwonschool.com) 홈페이지 접속 > 학습지원센터 > 공부자료실 >
'GO! 독학 일본어 패턴 202' 검색 후 음원 및 PDF 파일 다운로드 가능합니다.

일본어 동사 활용법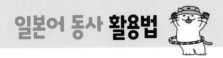

文장의 종류에 따라, 동사의 종류에 따라 다른 일본어 동사 활용법을 미리 학습해 보고 각 패턴에 따라 알맞게 적용해 보세요! ＊行く는 예외 동사

1. 그룹별 동사 예시

1그룹[대부분의 동사]		2그룹[i / e + る]	3그룹[불규칙]
行く 가다	呼ぶ 부르다	食べる 먹다	する 하다
買う 사다	話す 말하다		
分かる 알다	死ぬ 죽다	見る 보다	来る 오다

2. 정중형 ます형

1그룹		2그룹	3그룹
(う단 ▶ い단) + ます		る ▶ ます	불규칙
行く ▶ 行きます			
呼ぶ ▶ 呼びます		食べる ▶ 食べます	する ▶ します
買う ▶ 買います			
話す ▶ 話します			
分かる ▶ 分かります		見る ▶ 見ます	来る ▶ 来ます
死ぬ ▶ 死にます			

3. 부정형 ない형

1그룹		2그룹	3그룹
う단 ▶ あ단 + ない		る ▶ ない	불규칙
行く ▶ 行かない			
呼ぶ ▶ 呼ばない		食べる ▶ 食べない	する ▶ しない
買う ▶ 買わない			
話す ▶ 話さない			
分かる ▶ 分からない		見る ▶ 見ない	来る ▶ 来ない
死ぬ ▶ 死なない			

4. 과거형 た형

1그룹	2그룹	3그룹
うつる ▸ った / ぬむぶ ▸ んだ く ▸ いた / ぐ ▸ いだ す ▸ した	る ▸ た	불규칙
行^いく ▸ 行^いった		
呼^よぶ ▸ 呼^よんだ	食^たべる ▸ 食^たべた	する ▸ した
買^かう ▸ 買^かった		
話^{はな}す ▸ 話^{はな}した		
分^わかる ▸ 分^わかった	見^みる ▸ 見^みた	来^くる ▸ 来^きた
死^しぬ ▸ 死^しんだ		

5. 연결형 て형

1그룹	2그룹	3그룹
うつる ▸ って / ぬむぶ ▸ んで く ▸ いて / ぐ ▸ いで す ▸ して	る ▸ て、で	불규칙
行^いく ▸ 行^いって		
呼^よぶ ▸ 呼^よんで	食^たべる ▸ 食^たべて	する ▸ して
買^かう ▸ 買^かって		
話^{はな}す ▸ 話^{はな}して		
分^わかる ▸ 分^わかって	見^みる ▸ 見^みて	来^くる ▸ 来^きて
死^しぬ ▸ 死^しんで		

6. 가정형 ば형

1그룹		2그룹	3그룹
う단▶え단+ば		る▶れば	불규칙
行<ruby>行<rt>い</rt></ruby>く ▶ <ruby>行<rt>い</rt></ruby>けば			
<ruby>呼<rt>よ</rt></ruby>ぶ ▶ <ruby>呼<rt>よ</rt></ruby>べば	<ruby>食<rt>た</rt></ruby>べる ▶ <ruby>食<rt>た</rt></ruby>べれば		する ▶ すれば
<ruby>買<rt>か</rt></ruby>う ▶ <ruby>買<rt>か</rt></ruby>えば			
<ruby>話<rt>はな</rt></ruby>す ▶ <ruby>話<rt>はな</rt></ruby>せば			
<ruby>分<rt>わ</rt></ruby>かる ▶ <ruby>分<rt>わ</rt></ruby>かれば	<ruby>見<rt>み</rt></ruby>る ▶ <ruby>見<rt>み</rt></ruby>れば		<ruby>来<rt>く</rt></ruby>る ▶ <ruby>来<rt>こ</rt></ruby>れば
<ruby>死<rt>し</rt></ruby>ぬ ▶ <ruby>死<rt>し</rt></ruby>ねば			

7. 의지형

1그룹		2그룹	3그룹
う단▶お단+う		る▶よう	불규칙
<ruby>行<rt>い</rt></ruby>く ▶ <ruby>行<rt>い</rt></ruby>こう			
<ruby>呼<rt>よ</rt></ruby>ぶ ▶ <ruby>呼<rt>よ</rt></ruby>ぼう	<ruby>食<rt>た</rt></ruby>べる ▶ <ruby>食<rt>た</rt></ruby>べよう		する ▶ しよう
<ruby>買<rt>か</rt></ruby>う ▶ <ruby>買<rt>か</rt></ruby>おう			
<ruby>話<rt>はな</rt></ruby>す ▶ <ruby>話<rt>はな</rt></ruby>そう			
<ruby>分<rt>わ</rt></ruby>かる ▶ <ruby>分<rt>わ</rt></ruby>かろう	<ruby>見<rt>み</rt></ruby>る ▶ <ruby>見<rt>み</rt></ruby>よう		<ruby>来<rt>く</rt></ruby>る ▶ <ruby>来<rt>こ</rt></ruby>よう
<ruby>死<rt>し</rt></ruby>ぬ ▶ <ruby>死<rt>し</rt></ruby>のう			

8. 가능형

1그룹		2그룹	3그룹
う단▶え단+る		る▶られる	불규칙
<ruby>行<rt>い</rt></ruby>く ▶ <ruby>行<rt>い</rt></ruby>ける			
<ruby>呼<rt>よ</rt></ruby>ぶ ▶ <ruby>呼<rt>よ</rt></ruby>べる	<ruby>食<rt>た</rt></ruby>べる ▶ <ruby>食<rt>た</rt></ruby>べられる		する ▶ できる
<ruby>買<rt>か</rt></ruby>う ▶ <ruby>買<rt>か</rt></ruby>える			

話す ▶ 話せる		
終わる ▶ 終われる	見る ▶ 見られる	来る ▶ 来られる
死ぬ ▶ 死ねる		

9. 수동형

1그룹	2그룹	3그룹
う단 ▶ あ단+れる	る ▶ られる	불규칙
行く ▶ 行かれる		
呼ぶ ▶ 呼ばれる	食べる ▶ 食べられる	する ▶ される
買う ▶ 買われる		
話す ▶ 話される		
終わる ▶ 終わられる	見る ▶ 見られる	来る ▶ 来られる
死ぬ ▶ 死なれる		

10. 사역형

1그룹	2그룹	3그룹
う단 ▶ あ단+せる	る ▶ させる	불규칙
行く ▶ 行かせる		
呼ぶ ▶ 呼ばせる	食べる ▶ 食べさせる	する ▶ させる
買う ▶ 買わせる		
話す ▶ 話させる		
終わる ▶ 終わらせる	見る ▶ 見させる	来る ▶ 来させる
死ぬ ▶ 死なせる		

CHAPTER 1

꼭 알아야 할
기본 패턴
001-046

이번 챕터에서는 명사, な형용사, い형용사, 존재동사 등 각 품사별로 가장 많이 쓰이는 기본 패턴 위주로 학습합니다. '내일은 한가해요?', '이것은 비싸지 않아요', '호텔은 비쌌어요', '수다 떨거나 카페에 가거나 해요'와 같이 문장 구성에 필수적인 의문, 부정, 과거, 연결 패턴 등을 모았습니다.

학습 순서

 ▶ 본문 + MP3

▶ 연습 문제

▶ 총정리
쓰기 노트

 ▶ 단어 테스트

 말하기
트레이닝

슈퍼 E 시바군과 완전 I 집냥이의 일본 맛집 부시기!

위 이야기 속 표현을 일본어로 말할 수 있나요?
지금 당장은 어렵더라도 이번 챕터를 모두 학습한 후에는
모두 일본어로 말할 수 있을 거예요!

오늘은 휴일이에요.

명사 + 「です」는 '~이에요'라는 뜻으로 명사 + 「だ」의 정중체입니다. 문장 뒤에 의문 표현인 「…か」를 붙이면 쉽게 의문형으로 바꾸어 활용할 수 있습니다.

문장구조   명사 + は + 명사 + です

STEP 1   대화 속에서 만나보GO!

🎧 Track 001-1

吉田さんは学生ですか。   요시다 씨는 학생이에요?

はい、私は学生です。   네, 저는 학생이에요.

STEP 2   패턴으로 연습하GO!

🎧 Track 001-2

① 저는 한국인이에요.   ▶ **私は韓国人です。**

② 그는 회사원이에요.   ▶ **彼は会社員です。**

③ 저기는 은행이에요.   ▶ **あそこは銀行です。**

④ 이것은 아이스 커피예요.   ▶ **これはアイスコーヒーです。**

[JLPT N5]
⑤ 오늘은 휴일이에요.   ▶ **今日は休みです。**

단어 学生 학생 | 私 나, 저 | 韓国人 한국인 | 彼 그(사람) | 会社員 회사원 | あそこ 저기 | 銀行 은행 | これ 이것 | アイス 아이스 | コーヒー 커피 | 今日 오늘 | 休み 휴일, 쉬는 날

패턴 002

내일은 목요일 아니에요?

명사 + 「じゃないです」는 '~이 아니에요'라는 뜻으로 명사 + 「です」의 부정형입니다. 문장 뒤에 의문 표현인 「…か」를 붙이면 쉽게 의문형으로 바꾸어 활용할 수 있습니다.

 문장 구조   명사 + は + 명사 + じゃないです

🐾 **STEP 1** 대화 속에서 만나보GO!   Track 002-1

> あした やす
> 明日休みですか。 내일 휴일이에요?

> あした やす
> いいえ、明日は休みじゃないです。
> 아니요, 내일은 휴일이 아니에요.

🐾 **STEP 2** 패턴으로 연습하GO!   Track 002-2

① 저는 선생님이 아니에요.
▶ わたし せんせい
私は先生じゃないです。

② 이것은 라멘이 아니에요.
▶ これはラーメンじゃないです。

③ 그녀는 대학생이 아니에요.
▶ かのじょ だいがくせい
彼女は大学生じゃないです。

④ 이 음료는 무료가 아니에요.
▶ の もの むりょう
この飲み物は無料じゃないです。

JLPT N5
⑤ 내일은 목요일 아니에요?
▶ あした もくようび
明日は木曜日じゃないですか。

단어 あした 明日 내일 | せんせい 先生 선생님 | ラーメン 라멘 | かのじょ 彼女 그 여자, 그녀 | だいがくせい 大学生 대학생 | の もの 飲み物 음료 | むりょう 無料 무료 |
もくようび 木曜日 목요일

패턴 003 지난주는 재택근무였어요?

명사 + 「でした」는 '~이었어요'라는 뜻으로 명사 + 「です」의 과거형입니다. 「…だった」의 정중체 표현입니다.

문장구조 명사 + は + 명사 + でした

 Track 003-1

🐾 STEP 1 대화 속에서 만나보GO!

昨日（きのう）はバイトでしたか。 어제 아르바이트였어요?

いいえ、昨日（きのう）は休（やす）みでした。
아니요, 어제는 쉬는 날이었어요.

🐾 STEP 2 패턴으로 연습하GO!

 Track 003-2

① 어제는 비가 내렸어요. ▶ 昨日（きのう）は雨（あめ）でした。

② 그는 중학생이었어요. ▶ 彼（かれ）は中学生（ちゅうがくせい）でした。

③ 그녀는 주부였어요. ▶ 彼女（かのじょ）は主婦（しゅふ）でした。

④ 그 공연은 매진이었어요. ▶ その公演（こうえん）は売（う）り切（き）れでした。

JLPT N5
⑤ 지난주는 재택근무였어요? ▶ 先週（せんしゅう）はテレワークでしたか。

단어 昨日（きのう） 어제 | バイト 아르바이트 | 雨（あめ） 비 | 主婦（しゅふ） 주부 | 中学生（ちゅうがくせい） 중학생 | 公演（こうえん） 공연 | 売（う）り切（き）れ 매진 | 先週（せんしゅう） 지난주 | テレワーク 재택근무

패턴 004

오늘은 샌드위치가 아니었어요.

명사 + 「じゃなかったです」는 '~이 아니었어요'라는 뜻으로 명사의 과거 부정형을 나타내는 표현입니다.

 문장구조

| 명사 | + | は | + | 명사 | + | じゃなかったです |

STEP 1 대화 속에서 만나보GO! Track 004-1

今日^{きょう}のメニューはサンドイッチでしたか。

오늘 메뉴는 샌드위치였어요?

今日^{きょう}はサンドイッチじゃなかったです。

오늘은 샌드위치가 아니었어요.

STEP 2 패턴으로 연습하GO! Track 004-2

① 점심은 덮밥이 아니었어요.
▶ ランチは丼^{どん}ぶりじゃなかったです。

② 4월 5일은 휴일이 아니었어요.
▶ 4月5日^{がつ か}は休日^{きゅうじつ}じゃなかったです。

③ 그것은 거짓말이 아니었어요.
▶ それはうそじゃなかったです。

④ 그는 친구가 아니었어요.
▶ 彼^{かれ}は友達^{ともだち}じゃなかったです。

JLPT N5
⑤ 생일은 어제 아니었어요?
▶ 誕生日^{たんじょう び}は昨日^{きのう}じゃなかったですか。

단어 メニュー 메뉴 | サンドイッチ 샌드위치 | ランチ 점심 | 丼^{どん}ぶり 덮밥, 돈부리 | 休日^{きゅうじつ} 휴일 | うそ 거짓말 | 友達^{ともだち} 친구 | 誕生日^{たんじょう び} 생일

Chapter 1 기본 패턴 **23**

패턴 005

이곳은 유명해요.

な형용사 +「です」는 '~해요'라는 뜻으로 '유명해요', '좋아해요', '한가해요'와 같이 사물의 성질이나 상태를 나타낼 때 씁니다.

문장구조 명사 ＋ は ＋ な형용사 だ ＋ です

だ는 빼고 연결!

🐾 **STEP 1** 대화 속에서 만나보GO! Track 005-1

ここ、有名ですか。 여기 유명해요?

はい、ここは有名です。 네, 이곳은 유명해요.

🐾 **STEP 2** 패턴으로 연습하GO! Track 005-2

① 저는 괜찮습니다.　▶ 私は大丈夫です。

② 하나 씨는 성실해요.　▶ はなさんは真面目です。

③ 이 카페는 조용해요.　▶ このカフェは静かです。

④ 외식은 좋아하나요?　▶ 外食は好きですか。

JLPT N5
⑤ 내일은 한가해요?　▶ 明日は暇ですか。

단어　ここ 여기, 이곳 | 有名だ 유명하다 | 大丈夫だ 괜찮다 | 真面目だ 성실하다 | カフェ 카페 | 静かだ 조용하다 | 外食 외식 | 好きだ 좋아하다 | 暇だ 한가하다

패턴 006

라멘은 좋아하지 않아요.

な형용사 + 「じゃないです」는 '~지 않아요'라는 뜻으로 な형용사 + 「です」의 부정형입니다.
'신선하지 않아요', '좋아하지 않아요' 등 な형용사의 부정 표현을 나타낼 때 씁니다.

문장구조 | 명사 | + | は | + | な형용사 だ | + | じゃないです |

だ는 빼고 연결!

STEP 1 대화 속에서 만나보GO! Track 006-1

ラーメン好<す>きですか。 라멘 좋아해요?

ラーメンは好<す>きじゃないです。
라멘은 좋아하지 않아요.

STEP 2 패턴으로 연습하GO! Track 006-2

① 양은 충분하지 않아요.
▶ 量<りょう>は十分<じゅうぶん>じゃないです。

② 고기는 싫어하지 않아요.
▶ お肉<にく>は嫌<きら>いじゃないです。

③ 그 점원은 친절하지 않아요.
▶ その店員<てんいん>は親切<しんせつ>じゃないです。

④ 일은 힘들지 않아요?
▶ 仕事<しごと>は大変<たいへん>じゃないですか。

JLPT N5
⑤ 이 과일은 신선하지 않아요.
▶ この果物<くだもの>は新鮮<しんせん>じゃないです。

단어 ラーメン 라멘 | 量<りょう> 양 | 十分<じゅうぶん>だ 충분하다 | お肉<にく> 고기 | 嫌<きら>いだ 싫어하다 | 店員<てんいん> 점원 | 親切<しんせつ>だ 친절하다 |
仕事<しごと> 일, 업무 | 大変<たいへん>だ 힘들다 | 果物<くだもの> 과일 | 新鮮<しんせん>だ 신선하다

패턴 007 그 어플은 불편했어요.

な형용사 + 「でした」는 '~했어요'라는 뜻으로 な형용사 + 「です」의 과거형입니다. 「…だった」의 정중체 표현입니다.

문장구조 명사 + は + な형용사 だ + でした

だ는 빼고 연결!

🐾 STEP 1 대화 속에서 만나보GO! 🎧 Track 007-1

アプリは便利でしたか。 어플은 편리했어요?

いいえ、アプリは不便でした。
아니요, 어플은 불편했어요.

🐾 STEP 2 패턴으로 연습하GO! 🎧 Track 007-2

❶ 예전에는 좋아했어요. ▶ 昔は好きでした。

❷ 시험은 간단했어요. ▶ 試験は簡単でした。

❸ 경치는 멋졌어요. ▶ 景色は素敵でした。

❹ 그날은 특별했어요. ▶ その日は特別でした。

JLPT N5
❺ 이 케이크는 유명했어요. ▶ このケーキは有名でした。

단어 アプリ 어플, 앱｜便利だ 편리하다｜不便だ 불편하다｜昔 예전, 옛날｜試験 시험｜簡単だ 간단하다｜景色 경치｜素敵だ 멋지다｜特別だ 특별하다｜ケーキ 케이크

교통은 편리하지 않았어요.

な형용사 + 「じゃなかったです」는 '~지 않았어요'라는 뜻으로 형용사의 과거 부정형을 나타내는 표현입니다.

문장구조 명사 + は + な형용사 (だ) + じゃなかったです

……▸ だ는 빼고 연결!

 STEP 1 대화 속에서 만나보GO! 🎧 Track 008-1

> 学校まで交通は便利でしたか。
> がっこう　　こうつう　べんり
> 학교까지 교통은 편리했어요?

> いいえ、交通は便利じゃなかったです。
> こうつう　べんり
> 아니요, 교통은 편리하지 않았어요.

 STEP 2 패턴으로 연습하GO! 🎧 Track 008-2

① 요즘에는 한가하지 않았어요. ▸ 最近は暇じゃなかったです。
　　　　　　　　　　　　　　　さいきん　ひま

② 노래는 서툴지 않았어요. ▸ 歌は下手じゃなかったです。
　　　　　　　　　　　　　　うた　へた

③ 테니스는 잘하지 못했어요. ▸ テニスは上手じゃなかったです。
　　　　　　　　　　　　　　　　　じょうず

④ 가방은 튼튼하지 않았어요. ▸ かばんは丈夫じゃなかったです。
　　　　　　　　　　　　　　　　じょうぶ

JLPT N5
⑤ 시험은 간단하지 않았어요. ▸ 試験は簡単じゃなかったです。
　　　　　　　　　　　　　　　しけん　かんたん

단어 学校 학교 | …まで ~까지 | 交通 교통 | 最近 요즘 | 歌 노래 | 下手だ 서투르다, 못하다 | テニス 테니스 | 上手だ 잘하다, 능숙하다 | かばん 가방 | 丈夫だ 튼튼하다
がっこう　　　　　　　　　こうつう　　さいきん　　うた　　へた　　　　　　　　　　　　　　　じょうず　　　　　　　　　　　じょうぶ

009 긴자는 유명한 곳이에요.

な형용사 + 「な」는 '(형용사)한 (명사)'라는 뜻으로 な형용사로 명사를 꾸며줄 때 씁니다. '신선한
생선', '유명한 선수'와 같이 명사에 대해 자세히 설명할 수 있습니다.

문장
구조 な형용사 (だ) + な + 명사 + です
        ···· だ는 빼고 연결!

STEP 1 대화 속에서 만나보GO! 🎧 Track 009-1

銀座(ぎんざ)は有名(ゆうめい)な所(ところ)ですか。 긴자는 유명한 곳이에요?

はい、銀座(ぎんざ)は有名(ゆうめい)な所(ところ)です。
네, 긴자는 유명한 곳입니다.

🐾 **STEP 2** 패턴으로 연습하GO! 🎧 Track 009-2

❶ 오오타니는 유명한 선수예요. ▶ 大谷(おおたに)は有名(ゆうめい)な選手(せんしゅ)です。

❷ 이것은 신선한 생선회예요. ▶ これは新鮮(しんせん)な刺身(さしみ)です。

❸ 야마모토 씨는 솔직한 사람이에요. ▶ 山本(やまもと)さんは素直(すなお)な人(ひと)です。

❹ 일본어는 잘하는 과목이에요. ▶ 日本語(にほんご)は得意(とくい)な科目(かもく)です。

JLPT N5
❺ 오사카는 번화한 동네예요. ▶ 大阪(おおさか)は賑(にぎ)やかな町(まち)です。

단어 銀座(ぎんざ) 긴자 | 所(ところ) 곳, 장소 | 選手(せんしゅ) 선수 | 新鮮(しんせん)だ 신선하다 | 刺身(さしみ) 생선회 | 素直(すなお)だ 솔직하다 | 人(ひと) 사람 | 日本語(にほんご) 일본어 |
得意(とくい)だ 잘하다, 자신있다 | 科目(かもく) 과목 | 大阪(おおさか) 오사카(지명) | 賑(にぎ)やかだ 번화하다 | 町(まち) 동네, 번화가

28 GO! 독학 일본어 패턴 202

패턴
010

이건 저렴해요.

い형용사 + 「です」는 '~해요'라는 뜻으로 '저렴해요', '맛있어요', '재미있어요'와 같이 사물의 성질이나 상태를 나타낼 때 씁니다.

문장구조
| 명사 | + | は | + | い형용사 | + | です |

 STEP 1 대화 속에서 만나보GO!

🎧 Track 010-1

このスマホは安^{やす}いですか。 이 스마트폰은 저렴해요?

はい、これは安^{やす}いです。 네, 이건 저렴해요.

 STEP 2 패턴으로 연습하GO!

🎧 Track 010-2

❶ 영어는 어려워요.
▶ 英語^{えいご}は難^{むずか}しいです。

❷ 시부야는 사람이 많아요.
▶ 渋谷^{しぶや}は人^{ひと}が多^{おお}いです。

❸ 타코야끼는 맛있어요.
▶ たこ焼^やきは美味^{おい}しいです。

❹ 한국 드라마는 재미있어요.
▶ 韓国^{かんこく}ドラマは面白^{おもしろ}いです。

JLPT N5
❺ 가방은 가벼워요.
▶ かばんは軽^{かる}いです。

단어 スマホ 스마트폰 | 安^{やす}い 저렴하다 | 英語^{えいご} 영어 | 難^{むずか}しい 어렵다 | 渋谷^{しぶや} 시부야(지명) | 多^{おお}い 많다 | たこ焼^やき 타코야끼 | 美味^{おい}しい 맛있다 | 韓国^{かんこく}ドラマ 한국 드라마 | 面白^{おもしろ}い 재미있다 | 軽^{かる}い 가볍다

패턴 011 오키나와는 춥지 않아요.

い형용사 + 「くないです」는 '~지 않아요'라는 뜻으로 い형용사 + 「です」의 부정형입니다.
'덥지 않아요', '맛있지 않아요' 등 い형용사의 부정 표현을 나타낼 때 씁니다.

문장구조 명사 + は + い형용사 ⓘ + くないです
　　　　　　　　　　　　　　　　　　⌙ い는 빼고 연결!

 STEP 1 대화 속에서 만나보GO!　　　　 Track 011-1

> 沖縄は寒いですか。　오키나와는 추워요?
> おきなわ　さむ

> 沖縄は寒くないです。　오키나와는 춥지 않아요.
> おきなわ　さむ

 STEP 2 패턴으로 연습하GO!　　　　 Track 011-2

❶ 티켓은 비싸지 않아요.　▶　チケットは高くないです。
　　　　　　　　　　　　　　　　たか

❷ 이 라멘은 맵지 않아요.　▶　このラーメンは辛くないです。
　　　　　　　　　　　　　　　　から

❸ 공포 영화는 무섭지 않아요.　▶　ホラー映画は怖くないです。
　　　　　　　　　　　　　　　えい が　こわ

❹ 이 디저트는 달지 않아요.　▶　このデザートは甘くないです。
　　　　　　　　　　　　　　　　　あま

JLPT N5
❺ 주스는 맛이 없어요.　▶　ジュースは美味しくないです。
　　　　　　　　　　　　　　　　お い

단어 沖縄 오키나와(지명) | 寒い 춥다 | 高い 높다, 비싸다 | 辛い 맵다 | ホラー映画 공포 영화 | 怖い 무섭다 |
　　　デザート 디저트 | 甘い 달다 | ジュース 주스

패턴 012 도쿄는 즐거웠어요.

い형용사 + 「かったです」는 '~했어요'라는 뜻으로 い형용사 + 「です」의 과거형입니다. 「…かった」의 정중체 표현입니다.

문장구조 **명사** + **は** + **い형용사 (い)** + **かったです**

… い는 빼고 연결!

 STEP 1 대화 속에서 만나보GO!

Track 012-1

りょこう たの
旅行は楽しかったですか。 여행은 즐거웠어요?

とうきょう たの
はい、東京は楽しかったです。
네, 도쿄는 즐거웠어요.

 STEP 2 패턴으로 연습하GO!

Track 012-2

❶ 어제는 추웠어요.
   きのう さむ
   ▶ 昨日は寒かったです。

❷ 료칸은 아름다웠어요.
   りょかん うつく
   ▶ 旅館は美しかったです。

❸ 파스타는 짰어요.
   しお から
   ▶ パスタは塩辛かったです。

❹ 그 문제는 어려웠어요.
   もん だい むずか
   ▶ その問題は難しかったです。

JLPT N5
❺ 드라마는 재미있었어요.
   おも しろ
   ▶ ドラマは面白かったです。

단어 とうきょう 東京 도쿄(지명) | たの 楽しい 즐겁다 | りょかん 旅館 료칸, 여관 | うつく 美しい 아름답다 | パスタ 파스타 | しおから 塩辛い 짜다 | もんだい 問題 문제

패턴 013

삿포로는 춥지 않았어요.

い형용사 + 「くなかったです」는 '~지 않았어요'라는 뜻으로 い형용사 + 「です」의 과거 부정형입니다. 「くありませんでした」라고 써서 더욱 정중하게 나타낼 수 있습니다.

 문장구조

| 명사 | + | は | + | い형용사 ⓘ | + | くなかったです |

⌐ い는 빼고 연결!

 STEP 1 대화 속에서 만나보GO!   Track 013-1

きのう　いそが
昨日は忙しかったですか。　어제는 바빴어요?

いいえ、昨日は忙しくなかったです。
아니요, 어제는 바쁘지 않았어요.

STEP 2 패턴으로 연습하GO! Track 013-2

① 역은 멀지 않았어요.
▶ えき　とお
駅は遠くなかったです。

② 삿포로는 시원하지 않았어요.
▶ さっぽろ　すず
札幌は涼しくなかったです。

③ 커피는 연하지 않았어요.
▶ うす
コーヒーは薄くなかったです。

④ 테스트는 쉽지 않았어요.
▶ やさ
テストは易しくなかったです。

JLPT N5
⑤ 노트북은 무겁지 않았어요.
▶ おも
パソコンは重くなかったです。

단어 　いそが
忙しい 바쁘다 | えき
駅 역 | とお
遠い 멀다 | さっぽろ
札幌 삿포로(지명) | すず
涼しい 시원하다, 선선하다 | うす
薄い 연하다 | テスト 테스트 | やさ
易しい 쉽다 | パソコン 노트북 | おも
重い 무겁다

패턴 014 매운 라멘이에요.

い형용사로 뒤의 명사를 꾸며줄 때는 い형용사 + 명사 형태로 나타냅니다. い형용사의 부정형 「…くない + 명사」를 사용해서 '~지 않은 (명사)'라는 뜻을 나타낼 수도 있습니다.

 문장구조 [い형용사] + [명사] + [です]

👣 STEP 1 대화 속에서 만나보GO! 🎧 Track 014-1

> そのラーメンは辛いですか。 그 라멘은 매워요?

> はい、辛いラーメンです。 네, 매운 라멘이에요.

👣 STEP 2 패턴으로 연습하GO! 🎧 Track 014-2

① 자상한 선생님이에요. ▶ 優しい先生です。

② 좋은 아이디어예요. ▶ いいアイディアです。

③ 귀여운 액세서리예요. ▶ 可愛いアクセサリーです。

④ 쓰지 않은 채소 주스예요. ▶ 苦くない野菜ジュースです。

[JLPT N5]
⑤ 이건 달지 않은 빵이에요. ▶ これは甘くないパンです。

단어 優しい 자상하다, 상냥하다 | いい 좋다 | アイディア 아이디어 | 苦い (맛이) 쓰다 | 野菜 채소 | 可愛い 귀엽다, 사랑스럽다 | アクセサリー 액세서리 | パン 빵

 패턴
015

이건 히라가나이고, 저건 가타카나예요.

'(명사1)은 ~이고, (명사2)는 ~이에요'라는 뜻으로 2개 이상의 명사를 나열할 때, 명사 뒤에 「…で」를 붙여서 나타낼 수 있습니다.

문장구조 | 명사 | + | は | + | 명사 | + | で、 | 명사 | + | は | + | 명사 | + | です

🐾 **STEP 1** 대화 속에서 만나보GO! 🎧 Track 015-1

日本語(にほんご)は文字(もじ)が多(おお)いですね。 일본어는 문자가 많네요.

これはひらがなで、あれはカタカナです。
이건 히라가나이고, 이건 가타카나예요.

🐾 **STEP 2** 패턴으로 연습하GO! 🎧 Track 015-2

① 이건 소금이고,
저건 설탕이에요.
▶ これは塩(しお)で、あれは砂糖(さとう)です。

② 언니는 선생님이고,
여동생은 학생이에요.
▶ 姉(あね)は先生(せんせい)で、妹(いもうと)は学生(がくせい)です。

③ 거기는 빵집이고,
저기는 꽃집이에요.
▶ そこはパン屋(や)で、あそこは花屋(はなや)です。

④ 이건 와인이고,
저건 사케예요.
▶ これはワインで、あれは日本酒(にほんしゅ)です。

JLPT N5
⑤ 아침은 샐러드고,
점심은 빵이에요.
▶ 朝(あさ)ご飯(はん)はサラダで、昼(ひる)ご飯(はん)はパンです。

단어 文字(もじ) 문자 | 塩(しお) 소금 | 砂糖(さとう) 설탕 | 姉(あね) 언니 | 妹(いもうと) 여동생 | そこ 거기 | パン屋(や) 빵집 | 花屋(はなや) 꽃집 | ワイン 와인 | 日本酒(にほんしゅ) 사케 | 朝(あさ)ご飯(はん) 아침(밥) | サラダ 샐러드 | 昼(ひる)ご飯(はん) 점심(밥)

깨끗하고 조용해요.

'(형용사1)하고, (형용사2)해요'라는 뜻으로 な형용사 뒤에 다른 형용사를 나열할 때도 「…で」를 붙여서 나타낼 수 있습니다. 뒤 구문에는 な형용사뿐만 아니라 い형용사도 쓸 수 있습니다.

문장구조

な형용사 だ	+	で、	な형용사 だ / い형용사	+	です

……▶ だ는 빼고 연결!　　　　　　　　……▶ だ는 빼고 연결!

 STEP 1 대화 속에서 만나보GO! Track 016-1

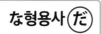

この町はどうですか。　이 동네는 어때요?

きれいで、静かです。　깨끗하고 조용해요.

 STEP 2 패턴으로 연습하GO! Track 016-2

❶ 이 꽃은 화려하고 예뻐요.　　▶ この花は派手で、きれいです。

❷ 축제는 떠들썩하고 재미있어요.　　▶ 祭りは賑やかで、面白いです。

❸ 야마다 씨는 성실하고 친절해요.　　▶ 山田さんは真面目で、親切です。

❹ 이 어플은 간단하고 편리해요.　　▶ このアプリは簡単で、便利です。

JLPT N5
❺ 전철은 안전하고 빨라요.　　▶ 電車は安全で、速いです。

단어 どうだ 어떠하다 | きれいだ 깨끗하다, 예쁘다 | 花 꽃 | 派手だ 화려하다 | 祭り 축제 | 安全だ 안전하다 | 速い 빠르다

패턴 017 무척 달고 맛있어요.

'(형용사1)하고, (형용사2)해요'라는 뜻으로 い형용사 뒤에 다른 형용사를 나열할 때는 「…くて」를 붙여서 나타낼 수 있습니다. 뒤 구문에는 い형용사뿐만 아니라 な형용사도 쓸 수 있습니다.

문장구조 | い형용사 ⓘ + くて、 + な형용사 ⓓ / い형용사 + です
い는 빼고 연결! … だ는 빼고 연결!

STEP 1 대화 속에서 만나보GO!

 Track 017-1

ケーキの味はどうですか。 케이크 맛은 어때요?

とても甘くて、美味しいです。 무척 달고 맛있어요.

STEP 2 패턴으로 연습하GO!

 Track 017-2

① 키가 크고 멋져요. ▶ 背が高くて、かっこいいです。

② 이 책은 두껍고 무거워요. ▶ この本は厚くて、重いです。

③ 노트북은 가볍고 튼튼해요. ▶ パソコンは軽くて、丈夫です。

④ 강아지는 작고 귀여워요. ▶ ワンちゃんは小さくて、可愛いです。

JLPT N5
⑤ 커피가 저렴하고 맛있어요. ▶ コーヒーが安くて、美味しいです。

단어 とても 무척, 매우 | 背 키 | 高い 크다 | かっこいい 멋지다 | 本 책 | 厚い 두껍다 | ワンちゃん 강아지 | 小さい 작다

패턴 018

호텔 로비에 우산이 있어요.

'~에 ~이 있어요'라는 뜻으로 어떤 장소에 무생물(사물/식물)이 있음을 나타내는 표현입니다. '없어요'라고 할 때는 「…がありません」이나 「…がないです」를 쓸 수 있습니다.

문장구조 | 장소 명사 | + | に | + | 무생물 명사[사물/식물] | + | があります

STEP 1 대화 속에서 만나보GO! Track 018-1

ホテルに傘^{かさ}がありますか。 호텔에 우산이 있나요?

はい。ホテルのロビーに、傘^{かさ}があります。
네. 호텔 로비에 우산이 있습니다.

STEP 2 패턴으로 연습하GO! Track 018-2

① 공원에 자전거가 있어요. ▶ 公園^{こうえん}に、自転車^{じてんしゃ}があります。

② 여기에 화장실이 있나요? ▶ ここに、トイレがありますか。

③ 방에 드라이기가 있나요? ▶ 部屋^{へや}に、ドライヤーがありますか。

④ 식당에 매운 음식이 없어요. ▶ 食堂^{しょくどう}に、辛^{から}い食^たべ物^{もの}がありません。

JLPT N5
⑤ 2층에 서점이 있어요. ▶ 2階^{かい}に、本屋^{ほんや}があります。

단어 ホテル 호텔 | 傘^{かさ} 우산 | ロビー 로비 | 公園^{こうえん} 공원 | 自転車^{じてんしゃ} 자전거 | トイレ 화장실 | 部屋^{へや} 방 | ドライヤー 드라이기 |
食堂^{しょくどう} 식당 | 食^たべ物^{もの} 음식 | …階^{かい} ~층 | 本屋^{ほんや} 서점

패턴 019 저는 지금 공항에 있어요.

'~은 ~에 있어요'라는 뜻으로 생물(사람/동물)이 어떤 장소에 있음을 나타내는 표현입니다. '없어요'라고 할 때는 「…がいません」이나 「…がいないです」를 쓸 수 있습니다.

문장구조 생물 명사[사람/동물] + は + 장소 명사 + にいます

🐾 **STEP 1** 대화 속에서 만나보GO! 🔊 Track 019-1

今、どこにいますか。 지금 어디에 있나요?

私は、空港にいます。 저는 공항에 있어요.

🐾 **STEP 2** 패턴으로 연습하GO! 🔊 Track 019-2

① 저는 지금 카페에 있어요.
▶ 私は今カフェにいます。

② 남자 친구는 아직 영화관에 있어요.
▶ 彼氏はまだ映画館にいます。

③ 고양이는 어디에 있나요?
▶ 猫はどこにいますか。

④ 이마이 씨는 지금 회사에 있나요?
▶ 今井さんは今会社にいますか。

JLPT N5
⑤ 저는 역 북쪽 출구에 있어요.
▶ 私は駅の北口にいます。

단어 今 지금 | どこ 어디 | 空港 공항 | 彼氏 남자 친구 | まだ 아직, 또, 다시 | 映画館 영화관 | 猫 고양이 | 会社 회사 | 北口 북쪽 출구

패턴 020
아이스 커피를 마셔요.

현재형 '~을 ~해요' 또는 미래형 '~을 ~할 거예요'를 나타내는 동사의 정중체입니다. 1그룹, 2그룹, 3그룹 동사 종류에 따라 각각 다른 형태로 변화하므로 동사 활용표를 참고하세요.

문장구조 | 명사 | + | を | + | 동사 | + | ます

 STEP 1 대화 속에서 만나보GO! Track 020-1

コーヒー飲みますか。 커피 마시나요?

はい、アイスコーヒーを飲みます。
네, 아이스 커피를 마실 거예요.

 STEP 2 패턴으로 연습하GO! Track 020-2

❶ 오늘은 규동을 먹을 거예요. ▶ 今日は牛丼を食べます。

❷ 매일 조깅을 합니다. ▶ 毎日ジョギングをします。

❸ 요즘 비타민을 먹어요. ▶ 最近ビタミンを飲みます。

❹ 콘서트 티켓을 사요. ▶ コンサートチケットを買います。

JLPT N5
❺ 창문을 열어요. ▶ 窓を開けます。

단어 飲む 마시다, 먹다 | 牛丼 규동 | 食べる 먹다 | 毎日 매일 | ジョギング 조깅 | ビタミン 비타민 | コンサート 콘서트 | チケット 티켓 | 買う 사다 | 窓 창문 | 開ける 열다

사진은 찍지 않겠습니다.

현재형 '~은 ~하지 않아요' 또는 미래형 '~은 ~하지 않겠어요'를 나타내는 동사의 정중체입니다.
동사의 그룹별로 변화하는 형태는 ます형과 동일합니다.

문장구조 명사 + は + 동사 ます형 + ません

🐾 **STEP 1** 대화 속에서 만나보GO!　　　　　　　　　🎧 Track 021-1

ここ、撮影禁止です。　여기, 사진 촬영 금지예요.

写真は撮りません。　사진은 찍지 않겠습니다.

🐾 **STEP 2** 패턴으로 연습하GO!　　　　　　　　　🎧 Track 021-2

① 술은 마시지 않겠습니다.　▶ お酒は飲みません。

② 저녁밥은 먹지 않습니다.　▶ 夕ご飯は食べません。

③ 영수증은 필요하지 않습니다.　▶ レシートは要りません。

④ 여기는 비가 내리지 않아요.　▶ ここは雨が降りません。

JLPT N5
⑤ 공포 영화는 안 봐요.　▶ ホラー映画は見ません。

단어 撮影 촬영 | 禁止 금지 | 写真 사진 | 撮る 찍다 | お酒 술 | 夕ご飯 저녁밥 | レシート 영수증 | 要る 필요하다 |
降る 내리다 | 見る 보다

패턴 022
웹소설을 읽었어요.

'~을 ~했어요'라는 뜻으로 동사 과거형 정중체 표현입니다. '밥을 먹었어요', '책을 읽었어요'와 같은 표현을 나타낼 수 있습니다. 동사의 그룹별로 변화하는 형태는 ます형과 동일합니다.

문장구조 명사 + を + 동사 ます형 + ました

STEP 1 대화 속에서 만나보GO!　　　　Track 022-1

昨日何をしましたか。 어제 무엇을 했나요?

ネット小説を読みました。 웹소설을 읽었어요.

STEP 2 패턴으로 연습하GO!　　　　Track 022-2

① 한국어를 가르쳤어요.　▶ 韓国語を教えました。

② 비밀번호를 잊어버렸어요.　▶ パスワードを忘れました。

③ 당일치기 여행을 했어요.　▶ 日帰り旅行をしました。

④ 할인 쿠폰을 사용했어요.　▶ 割引クーポンを使いました。

JLPT N5
⑤ 추워서 모자를 썼어요.　▶ 寒くて、帽子をかぶりました。

단어 何 무엇 | ネット小説 웹소설 | 読む 읽다 | 韓国語 한국어 | 教え 가르치다 | パスワード 비밀번호 | 忘れる 잊다 | 日帰り 당일치기 | 旅行 여행 | 割引 할인 | クーポン 쿠폰 | 使う 사용하다 | 帽子 모자 | かぶる (뒤집어)쓰다

기념품은 안 샀어요.

'~은 ~하지 않았어요'라는 뜻으로 동사의 과거 부정형입니다. 동사의 그룹별로 변화하는 형태는 ます형과 동일합니다.

 문장구조

| 명사 | + | は | + | 동사 ます형 | + | ませんでした |

STEP 1 대화 속에서 만나보GO! Track 023-1

先週(せんしゅう)は出張(しゅっちょう)でしたか。 지난주는 출장이었어요?

ええ、でもお土産(みやげ)は買(か)いませんでした。
네, 그런데 기념품은 사지 않았어요.

STEP 2 패턴으로 연습하GO! Track 023-2

① 예전엔 가지는 먹지 않았어요.
▶ 昔(むかし)はナスは食(た)べませんでした。

② 아파서 야구는 할 수 없었어요.
▶ 痛(いた)くて、野球(やきゅう)はできませんでした。

③ 어제는 푹 자지 못했어요.
▶ 昨日(きのう)はぐっすり眠(ねむ)れませんでした。

④ 가방에 여권은 없었어요.
▶ かばんにパスポートはありませんでした。

JLPT N5
⑤ 눈이 그다지 오지 않았어요.
▶ 雪(ゆき)はあまり降(ふ)りませんでした。

단어 出張(しゅっちょう) 출장 | お土産(みやげ) 기념품 | ナス 가지 | 痛(いた)い 아프다 | 野球(やきゅう) 야구 | ぐっすり 푹 | 眠(ねむ)る 자다, 잠들다 |
パスポート 여권 | 雪(ゆき) 눈 | あまり 그다지

텐동 먹읍시다.

'~합시다'라는 뜻으로 동사 ます형 뒤에 쓰여 상대방에게 무언가 제안할 때 쓸 수 있습니다. 「…か」를 붙여서 의문형으로 나타내면 '~할까요?'라는 뜻으로 상대방의 의향을 물을 수 있습니다.

문장구조   동사 ます형   +   ましょう

😺 STEP 1 대화 속에서 만나보GO!

 Track 024-1

 夕ご飯、何にしますか。 오늘 저녁 뭘로 할래요?

天丼食べましょう。 텐동 먹읍시다.

🐾 STEP 2 패턴으로 연습하GO!

 Track 024-2

① 오늘 한잔합시다.
▶ 今日一杯やりましょう。

② 내일은 박물관에 갑시다.
▶ 明日は博物館に行きましょう。

③ 괜찮으면 역까지 걸읍시다.
▶ よかったら駅まで歩きましょう。

④ 여름 휴가 때는 집에서 쉴까요?
▶ 夏休みには家で休みましょうか。

JLPT N5
⑤ 잠시 창문을 엽시다.
▶ ちょっと窓を開けましょう。

단어 天丼 텐동(튀김 덮밥) | 博物館 박물관 | 行く 가다 | 一杯やる 한잔하다 | よかったら 괜찮다면, 원한다면 | 歩く 걷다 | 夏休み 여름 휴가 | 家 집 | 休む 쉬다 | ちょっと 잠시, 잠깐

진짜 내 실력 확인하GO!

지금까지 배운 패턴을 연습 문제를 통해 복습해 보세요.

TEST 1 녹음을 듣고 말하며 빈칸 채워보기!

Track 024-3

1 _____は _____じゃないです。

2 _____は _____です。

3 _____くて、_____です。

TEST 2 한국어 해석에 알맞은 일본어 문장 고르기!

1 그는 아직 대학생이에요.
① 彼はまだ大学生です。
② 彼は韓国人です。

2 저는 지금 카페에 있어요.
① 私は今カフェにいます。
② カフェに私があります。

TEST 3 빈칸에 들어갈 알맞은 패턴을 골라 연결하기!

1 昨日は雨 [　　　]。   •   • a がありますか
어제는 비가 내렸어요.

2 誕生日は昨日 [　　　]。   •   • b でした
생일은 어제 아니었어요?

3 部屋に、ドライヤー [　　　]。 •   • c じゃなかったですか
방에 드라이기 있나요?

TEST 4 그림을 보고, 단어를 활용하여 대화 완성하기!

Ⓐ 운동은 좋아하나요?　　　　　　　※ 運動 운동

_____

Ⓑ 매일 조깅을 해요.　　　　　　　※ ジョギング 조깅

_____

TEST 5 제시된 단어를 보고, 배운 패턴을 활용하여 문장 만들기!

1 오사카는 번화한 동네예요.

_____

HINT 大阪 오사카 ┃ 賑やかだ 번화하다 ┃ 町 동네

2 아침은 샐러드고, 점심은 빵이에요.

_____

HINT 朝ご飯 아침밥 ┃ サラダ 샐러드 ┃ 昼ご飯 점심밥 ┃ パン 빵

3 비밀번호를 잊어버렸어요.

_____

HINT パスワード 비밀번호 ┃ 忘れる 잊다

4 이 어플은 간단하고 편리해요.

_____

HINT アプリ 어플 ┃ 簡単だ 간단하다 ┃ 便利だ 편리하다

같이 집에 돌아가지 않을래요?

'~하지 않을래요?'라는 뜻으로 동사 ます형 뒤에 쓰여 상대방의 의향을 조심스럽게 물을 때 쓰는 표현입니다.

 문장구조 동사 ます형 + ませんか

STEP 1 대화 속에서 만나보GO! Track 025-1

一緒に帰りませんか。 같이 집에 돌아가지 않을래요?

はい、そうしましょう。 네, 그래요.

STEP 2 패턴으로 연습하GO! Track 025-2

❶ 잠깐 이야기하지 않을래요? ▶ ちょっと話しませんか。

❷ 냉우동 먹지 않을래요? ▶ 冷やしうどん食べませんか。

❸ 주말에 쇼핑하러 가지 않을래요? ▶ 週末に買い物に行きませんか。

❹ 디즈니랜드에 가지 않을래요? ▶ ディズニーランドに行きませんか。

JLPT N5
❺ 같이 운동하지 않을래요? ▶ 一緒に運動しませんか。

단어 一緒に 같이 | 帰る 돌아가다, 돌아오다 | 話す 이야기하다 | 冷やしうどん 냉우동 | 週末 주말 | 買い物 쇼핑 | ディズニーランド 디즈니랜드 | 運動 운동

패턴 026 해외여행 가고 싶어요.

'~하고 싶어요'라는 뜻으로 동사 ます형 뒤에 쓰여 자신의 희망사항을 나타내는 표현입니다. 반대말인 '~하고 싶지 않아요'는 「…たくないです」라고 씁니다.

 문장구조 　동사 ます형　+　たいです

STEP 1 대화 속에서 만나보GO!　Track 026-1

連休にどこか行きますか。　연휴에 어디 가나요?

海外旅行に行きたいです。　해외여행을 가고 싶어요.

STEP 2 패턴으로 연습하GO!　Track 026-2

① 넓은 집에 살고 싶어요.　▶ 広い家に住みたいです。

② 새 지갑을 사고 싶어요.　▶ 新しい財布を買いたいです。

③ 치즈 샐러드를 먹고 싶어요.　▶ チーズサラダが食べたいです。

④ 아무것도 하고 싶지 않아요.　▶ 何もしたくないです。

JLPT N5
⑤ 일본에서 일하고 싶어요.　▶ 日本で働きたいです。

단어 連休 연휴 | 海外旅行 해외여행 | 広い 넓다 | 新しい 새롭다 | 財布 지갑 | チーズ 치즈 | 何も 아무것도 | 日本 일본 | 働く 일하다

패턴 027 화면이 커서 보기 편해요.

'~하기 편해요', '~하기 쉬워요'라는 뜻으로 동사 ます형 뒤에 쓰입니다. 뒤에 「…です」를 붙이면
정중체, 붙이지 않으면 반말체입니다.

 문장구조

| 동사 ます형 | + | やすいです |

STEP 1 대화 속에서 만나보GO! Track 027-1

新<small>あたら</small>しいスマホですか。　새 스마트폰이에요?

はい、画面<small>がめん</small>が大<small>おお</small>きくて、見<small>み</small>やすいです。
네, 화면이 커서 보기 편해요.

STEP 2 패턴으로 연습하GO! Track 027-2

① 그의 목소리는 듣기 편해요. ▶ 彼<small>かれ</small>の声<small>こえ</small>は聞<small>き</small>きやすいです。

② 이 요리는 만들기 쉬워요. ▶ この料理<small>りょうり</small>は作<small>つく</small>りやすいです。

③ 이 아파트는 살기 편해요. ▶ このアパートは住<small>す</small>みやすいです。

④ 선생님의 설명은 이해하기 쉬워요. ▶ 先生<small>せんせい</small>の説明<small>せつめい</small>は分<small>わ</small>かりやすいです。

JLPT N5
⑤ 이 볼펜은 쓰기 편해요. ▶ このボールペンは書<small>か</small>きやすいです。

단어 画面<small>がめん</small> 화면 ǀ 大<small>おお</small>きい 크다 ǀ 声<small>こえ</small> 목소리 ǀ 聞<small>き</small>く 듣다 ǀ 料理<small>りょうり</small> 요리 ǀ 作<small>つく</small>る 만들다 ǀ アパート 아파트 ǀ 住<small>す</small>む 살다 ǀ
説明<small>せつめい</small> 설명 ǀ 分<small>わ</small>かる 이해하다, 알다 ǀ ボールペン 볼펜 ǀ 書<small>か</small>く 쓰다, 작성하다

패턴 028

이 구두 신기 어렵네요.

'~하기 어려워요', '~하기 힘들어요'라는 뜻으로 동사 ます형 뒤에 쓰입니다. 뒤에 「…です」를 붙이면 정중체, 붙이지 않으면 반말체입니다.

| 문장구조 | 동사 ます형 | + | にくいです |

🐾 STEP 1 대화 속에서 만나보GO!　　　　　　　　 Track 028-1

じゅぎょう
授業はどうですか。　수업은 어때요?

すこ　わ
少し分かりにくいです。　조금 이해하기 어려워요.

🐾 STEP 2 패턴으로 연습하GO!　　　　　　　　 Track 028-2

① 이 발음은 말하기 어려워요. ▶
はつ おん　い
この発音は言いにくいです。

② 이 어플은 사용하기 어려워요. ▶
つか
このアプリは使いにくいです。

③ 이 레스토랑은 찾기 힘들어요. ▶
み
このレストランは見つけにくいです。

④ 룰이 어려워서 하기 힘들어요. ▶
むずか
ルールが難しくて、やりにくいです。

JLPT N5
⑤ 이 구두는 신기 어려워요. ▶
くつ　は
この靴は履きにくいです。

단어 　じゅぎょう 授業 수업 | すこ 少し 조금, 약간 | はつおん 発音 발음 | い 言い 말하다 | レストラン 레스토랑 | み 見つける 찾다 | ルール 룰, 규칙 | くつ 靴 구두 | は 履く 신다

패턴 029

유튜브 보면서 밥 먹어요.

'~하면서'라는 뜻으로 동사 ます형 뒤에 쓰입니다. 주로 「AながらB」 형태로 쓰여 A라는 행동을 하면서 동시에 B라는 행동을 진행하는 상황을 나타냅니다.

문장구조   동사 ます형 ＋ ながら

STEP 1 대화 속에서 만나보GO! Track 029-1

昨日(きのう)は何(なに)しましたか。　어제는 뭐 했어요?

テレビ見(み)ながら宿題(しゅくだい)しました。　TV 보면서 숙제했어요.

STEP 2 패턴으로 연습하GO! Track 029-2

① 노래를 부르면서 일해요.
▶ 歌(うた)を歌(うた)いながら働(はたら)きます。

② 음악을 들으면서 산책해요.
▶ 音楽(おんがく)を聞(き)きながら散歩(さんぽ)します。

③ 유튜브를 보면서 밥을 먹어요.
▶ ユーチューブを見(み)ながらご飯(はん)を食(た)べます。

④ 커피 마시면서 이야기하지 않을래요?
▶ コーヒー飲(の)みながらお話(はなし)しませんか。

JLPT N5
⑤ 친구와 통화하면서 리포트를 썼어요.
▶ 友達(ともだち)と電話(でんわ)しながらレポートを書(か)きました。

단어 テレビ TV, 텔레비전 | 宿題(しゅくだい) 숙제 | 歌(うた)う 노래하다 | 音楽(おんがく) 음악 | 散歩(さんぽ)する 산책하다 | ユーチューブ 유튜브 | ご飯(はん) 밥 | 電話(でんわ) 통화, 전화 | レポート 리포트

패턴 030

과음했어요.

'너무 ~했어요'라는 뜻으로 동사 ます형 뒤에 쓰입니다. 기본형인 「すぎる」를 「すぎます、すぎました」 등으로 바꾸어 현재형이나 과거형으로 만들 수 있습니다.

 동사 ます형 + **すぎました**

STEP 1 대화 속에서 만나보GO! Track 030-1

 どうしましたか。 무슨 일 있어요?

> 昨日（きのう）お酒（さけ）を飲（の）みすぎました。頭（あたま）が痛（いた）いです。
> 어제 술을 너무 많이 마셨어요. 머리가 아파요.

STEP 2 패턴으로 연습하GO!   Track 030-2

① 어제 너무 잤어요. ▶ 昨日（きのう）、寝（ね）すぎました。

---

② 밥을 너무 많이 먹었어요. ▶ ご飯（はん）を食（た）べすぎました。

---

③ 간장을 너무 많이 발랐어요. ▶ 醤油（しょうゆ）を塗（ぬ）りすぎました。

---

④ 스마트폰을 너무 많이 썼어요. ▶ スマホを使（つか）いすぎました。

JLPT N5
⑤ 게임을 너무 많이 했어요. ▶ ゲームをしすぎました。

단어 頭（あたま）머리 | 寝（ね）る 자다 | 醤油（しょうゆ）간장 | 塗（ぬ）る 바르다 | ゲーム 게임

한잔하러 갈래요?

'~하러 가요'라는 뜻으로 동사 ます형에 「に行く」를 붙여 「に行きます、に行きました、
に行きませんか、に行きましょう」 등으로 활용할 수 있습니다.

문장
구조   동사 ます형 + に行きます

STEP 1 대화 속에서 만나보GO! Track 031-1

今日、飲みに行きませんか。 오늘 한잔하러 가지 않을래요?

はい、行きましょう！ 네, 갑시다!

STEP 2 패턴으로 연습하GO! Track 031-2

① (예금한) 돈을
찾으러 갑니다. ▶ お金を下ろしに行きます。

② 졸려서 산책하러
갔어요. ▶ 眠くて散歩しに行きました。

③ 같이 마중하러
갈까요? ▶ 一緒に迎えに行きましょうか。

④ 퇴근하고
영화를 보러 가요. ▶ 仕事の後、映画を見に行きましょう。

JLPT N5
⑤ 같이 놀러
가지 않을래요? ▶ 一緒に遊びに行きませんか。

단어 飲みに行く 술 마시러 가다｜お金 돈｜下ろす 찾다, 인출하다｜後 이후, 다음｜遊ぶ 놀다

곧 끝날 것 같아요.

'~할 것 같아요'라는 뜻으로 동사 ます형 뒤에 쓰여 금방이라도 벌어질 것 같은 일에 대한 조짐이나 상황을 주관적으로 추측할 때 씁니다. 또한 어떠한 것에 대한 인상을 나타낼 때도 쓸 수 있습니다.

문장
구조 **동사 ます형** + **そうです**

STEP 1 대화 속에서 만나보GO!   Track 032-1

会議(かいぎ)、いつ終(お)わりますか。 회의 언제 끝나요?

もうすぐ終(お)わりそうです。 이제 곧 끝날 것 같아요.

STEP 2 패턴으로 연습하GO! Track 032-2

① 비가 올 것 같아요. ▶ 雨(あめ)が降(ふ)りそうです。

② 학교에 지각할 것 같아요. ▶ 学校(がっこう)に遅刻(ちこく)しそうです。

③ 슬슬 도착할 것 같아요. ▶ そろそろ着(つ)きそうです。

④ 사진을 보니 울 것 같아요. ▶ 写真(しゃしん)を見(み)ると泣(な)きそうです。

JLPT N5
⑤ 감기 걸릴 것 같아요. ▶ 風邪(かぜ)をひきそうです。

단어 会議(かいぎ) 회의 | いつ 언제 | 終(お)わる 끝나다 | もうすぐ 이제 곧 | 遅刻(ちこく)する 지각하다 | そろそろ 슬슬 | 着(つ)く 도착하다 | 泣(な)く 울다 | 風邪(かぜ) 감기 | ひく 걸리다

패턴 033 커피에 설탕 안 넣어요.

'~하지 않아요'라는 뜻으로 동사의 부정형을 만드는 방법에는 앞서 학습한 「…ません」 외에 동사 뒤에 「…ない」를 쓰는 방법도 있습니다. 그 뒤에 「…です」를 놓으면 정중체가 됩니다.

문장구조 동사 ない형 + ないです

STEP 1 대화 속에서 만나보GO!   Track 033-1

コーヒーにお砂糖を入れますか。 커피에 설탕을 넣나요?

砂糖は入れないです。 설탕은 넣지 않아요.

STEP 2 패턴으로 연습하GO!   Track 033-2

① 쉽게 더러워지지 않아요. ▶ 簡単によごれないです。

② 그 길을 안 지나가요. ▶ その道を通らないです。

③ 셀카는 거의 찍지 않아요. ▶ 自撮りはあまり撮らないです。

④ 텐션이 오르지 않아요. ▶ テンションが上がらないです。

JLPT N5
⑤ 전철이 움직이지 않아요. ▶ 電車が動かないです。

단어 入れる 넣다 | 簡単に 쉽게, 간단히 | よごれる 더러워지다 | 通る 지나가다, 다니다 | 自撮り 셀카 | テンション 텐션 | 上がる 오르다 | 電車 전철 | 動く 움직이다

간장을 안 넣었어요!

'~하지 않았어요'라는 뜻으로 동사 ない형 뒤에 쓰여 동사의 과거 부정형을 만들 수 있습니다. 그 뒤에 「…です」를 놓으면 정중체가 됩니다.

 문장구조 | **동사 ない형** | + | **なかったです**

STEP 1 대화 속에서 만나보GO!

> 味がちょっと変です。 맛이 좀 이상해요.

> ごめんなさい。醤油を入れなかったです！
> 미안해요. 간장을 안 넣었어요!

STEP 2 패턴으로 연습하GO!

① 복도에는 아무도 없었어요.
▶ 廊下に誰もいなかったです。

② 소고기 덮밥 보통으로는 모자랐어요.
▶ 牛丼並盛では足りなかったです。

③ 그 이야기를 몰랐어요?
▶ その話を知らなかったですか。

④ 파티에 안 갔어요?
▶ パーティーに行かなかったですか。

JLPT N5
⑤ 샤워를 하지 않았어요.
▶ シャワーを浴びなかったです。

단어 味 맛 | ちょっと 조금, 약간 | 変だ 이상하다 | 廊下 복도 | 誰も 아무도 | 牛丼 소고기 덮밥 | 並盛 보통, 중간 | 足りる 충분하다 | 知る 알다 | パーティー 파티 | シャワーを浴びる 샤워를 하다

패턴 035 지각하지 말아 주세요.

'~하지 말아 주세요'라는 뜻으로 동사 ない형 뒤에 쓰여 상대방에게 특정 행동을 하지 말아줄 것을 정중하게 요청하는 표현입니다.

문장구조 동사 ない형 + ないでください

STEP 1 대화 속에서 만나보GO! Track 035-1

 遅_{おそ}くなってすみません。 늦어서 죄송합니다.

遅刻_{ちこく}しないでください。 지각하지 말아 주세요.

STEP 2 패턴으로 연습하GO! Track 035-2

① 사진을
찍지 마세요.
▶ 写真_{しゃしん}を撮_とらないでください。

② 너무 걱정하지
마세요.
▶ あまり心配_{しんぱい}しないでください。

③ 큰 소리로
말하지 마세요.
▶ 大_{おお}きい声_{こえ}で話_{はな}さないでください。

④ 여기서 담배를
피우지 말아 주세요.
▶ ここでタバコを吸_すわないでください。

JLPT N5
⑤ 먹이를
주지 마세요.
▶ 餌_{えさ}をあげないでください。

단어 遅_{おそ}い 늦다 | あまり 너무, 지나치게 | 心配_{しんぱい}する 걱정하다 | タバコ 담배 | 吸_すう 들이마시다 | 餌_{えさ} 먹이 | あげる 주다

패턴 036 그렇게 서두르지 않아도 돼요.

'~하지 않아도 돼요', '~하지 않아도 괜찮아요'라는 뜻으로 동사 ない형 뒤에 쓰여 상대방에게 특정 행동을 하지 않아도 괜찮다는 허가 표현을 나타냅니다.

문장구조 동사 ない형 **+** なくてもいいです

 STEP 1 대화 속에서 만나보GO!   Track 036-1

大変(たいへん)です。遅刻(ちこく)しそうです。 큰일이에요. 지각할 것 같아요.

そんなに急(いそ)がなくてもいいです。
그렇게 서두르지 않아도 돼요.

 STEP 2 패턴으로 연습하GO!   Track 036-2

❶ 전부 다 외우지 않아도 돼요. ▶ 全部(ぜんぶ)覚(おぼ)えなくてもいいです。

❷ 회식에 오지 않아도 돼요. ▶ 飲(の)み会(かい)に来(こ)なくてもいいです。

❸ 그렇게 무리하지 않아도 돼요. ▶ そんなに無理(むり)しなくてもいいです。

❹ 억지로 다 먹지 않아도 돼요. ▶ 無理(むり)に全部(ぜんぶ)食(た)べなくてもいいです。

JLPT N5
❺ 내일은 일하러 가지 않아도 돼요. ▶ 明日(あした)は仕事(しごと)に行(い)かなくてもいいです。

단어 大変(たいへん)だ 큰일이다 | 急(いそ)ぐ 서두르다 | 全部(ぜんぶ) 전부 | 覚(おぼ)える 외우다 | 飲(の)み会(かい) 회식 | 来(く)る 오다 | 無理(むり) 무리, 억지

 패턴 037 내일은 친구 병문안을 가야 돼요.

'~해야 해요'라는 뜻으로 동사 ない형 뒤에 쓰여 규칙이나 사회 관습 등에 따라 당연히 지켜야 할 의무에 대해 나타낼 수 있습니다.

문장구조 동사 ない형 + なければなりません

🐾 **STEP 1** 대화 속에서 만나보GO! Track 037-1

こんど どようび
今度の土曜日、コンサートに行きませんか。
이번 주 토요일, 콘서트 가지 않을래요?

どようび みまい い
ごめんなさい。土曜日はお見舞いに行か
なければなりません。 미안해요. 토요일은 병문안을 가야 돼요.

🐾 **STEP 2** 패턴으로 연습하GO! Track 037-2

① 책을 반납해야 해요. ▶ ほん かえ
本を返さなければなりません。

② 손을 씻어야 해요. ▶ て あら
手を洗わなければなりません。

③ 아침부터 준비해야 돼요. ▶ あさ じゅんび
朝から準備しなければなりません。

④ 10시 안에는 일어나야 해요. ▶ じ まえ お
10時前には起きなければなりません。

JLPT N5
⑤ 반드시 이름을 써야 해요. ▶ かなら な まえ か
必ず名前を書かなければなりません。

단어 こんど どようび みまい かえ て あら
今度 이번 | 土曜日 토요일 | お見舞い 병문안, 문병 | 返す 돌려주다 | 手 손 | 洗う 씻다 | …から ~부터 |
お かなら な まえ
起きる 일어나다 | 必ず 반드시, 꼭 | 名前 이름

책을 읽고, 운동을 하고, TV를 봐요.

동사 て형 뒤에 쓰여 '~하고 ~하고 …'라는 뜻으로 두 가지 이상의 행동을 나열하거나, '~해서 ~하다'라는 뜻으로 어떠한 행동을 하는 이유를 나타낼 수 있습니다.

문장구조 | 동사 て형 | + | て

 STEP 1 대화 속에서 만나보GO!

 Track 038-1

> 休みの日は何をしましたか。 쉬는 날에는 뭐 했어요?

> 友達に会って、ショッピングして、カフェに行きました。 친구를 만나서 쇼핑하고, 카페에 갔어요.

 STEP 2 패턴으로 연습하GO!

 Track 038-2

① 스마트폰을
잠깐 보고 자요.
▶ スマホをちょっと見て、寝ます。

② 티켓을 들고
서 있어요.
▶ チケットを持って、立っています。

③ 밥 먹고 수영하고
쉬어요.
▶ ご飯食べて、水泳して、休みます。

④ 볼일이 있어서
시청에 갔어요.
▶ 用事があって、市役所に行きました。

JLPT N5
⑤ 감기에 걸려서
계속 잤어요.
▶ 風邪をひいて、ずっと寝ました。

단어 ショッピング 쇼핑 | 持つ 들다, 쥐다 | 立つ 일어서다 | 水泳する 수영하다 | 用事 볼일 | 市役所 시청 |
ずっと 계속, 쭉

패턴
039

이 아파트 2층에 살고 있어요.

'~하고 있어요'라는 뜻으로 동사 て형 뒤에 쓰여 현재 진행형을 나타냅니다. 말하는 순간 진행되고 있는 상황뿐만 아니라 최근의 상태에 대해 나타낼 때도 쓸 수 있습니다.

 문장구조

| 동사 て형 | + | ています |

STEP 1 대화 속에서 만나보GO! Track 039-1

この辺(あた)りに住(す)んでいますか。 이 근처에 사세요?

このアパートの2階(かい)に住(す)んでいます。
이 아파트 2층에 살고 있어요.

STEP 2 패턴으로 연습하GO! Track 039-2

① 서울에서 일하고 있어요.
▶ ソウルで働(はたら)いています。

② 점점 살이 찌고 있어요.
▶ だんだん太(ふと)っています。

③ 요즘 요가를 하고 있어요.
▶ 最近(さいきん)ヨガをしています。

④ 비가 심하게 내리고 있어요.
▶ 雨(あめ)がはげしく降(ふ)っています。

JLPT N5
⑤ 불이 켜져 있어요.
▶ 電気(でんき)がついています。

단어 辺(あた)り 근처, 부근 | 住(す)む 살다 | アパート 아파트 | ソウル 서울 | だんだん 점점 | 太(ふと)る 살이 찌다 | ヨガ 요가 |
電気(でんき) 전기, 전등 | つく 불이 켜지다

다음 신호에서 오른쪽으로 돌아주세요.

'~해 주세요'라는 뜻으로 동사 て형 뒤에 쓰여 상대방에 대한 지시, 권유를 나타냅니다. 더 정중한
표현으로 「てくださいますか、てくださいませんか」를 쓸 수도 있습니다.

 문장
구조 | 동사 て형 | + | てください

 STEP 1 대화 속에서 만나보GO! Track 040-1

次(つぎ)の信号(しんごう)で右(みぎ)に曲(ま)がってください。
다음 신호에서 오른쪽으로 돌아주세요.

はい、分(わ)かりました。 네, 알겠습니다.

 STEP 2 패턴으로 연습하GO! Track 040-2

① 힘내세요!
▶ 頑張(がんば)ってください！

② 이곳에
서명해 주세요.
▶ ここに署名(しょめい)してください。

③ 이쪽으로
줄을 서 주세요.
▶ こちらに並(なら)んでください。

④ 죄송한데,
좀 도와주세요.
▶ すみませんが、ちょっと手伝(てつだ)ってください。

[JLPT N5]
⑤ 여기에서는 신발을
벗어주세요.
▶ ここでは靴(くつ)を脱(ぬ)いでください。

단어 次(つぎ) 다음 | 信号(しんごう) 신호 | 右(みぎ) 오른쪽 | 曲(ま)がる 돌다, 방향을 바꾸다 | 頑張(がんば)る 분발하다, 열심히 노력하다 |
署名(しょめい)する 서명하다 | こちら 이쪽 | 並(なら)ん 줄 서다 | 手伝(てつだ)う 돕다, 같이 거들다 | 靴(くつ) 신발 | 脱(ぬ)ぐ 벗다

옆에 앉아도 되나요?

'~해도 돼요'라는 뜻으로 동사 て형 뒤에 쓰여 허락을 나타냅니다. 상대방의 허락을 구하는 경우에는 의문형「…てもいいですか」로 나타낼 수 있습니다.

문장구조	동사 て형	+	てもいいです

🐾 **STEP 1** 대화 속에서 만나보GO!   Track 041-1

 隣(となり)に座(すわ)ってもいいですか。 옆에 앉아도 되나요?

あ、どうぞ。 앗! 네, 앉으세요.

🐾 **STEP 2** 패턴으로 연습하GO!   Track 041-2

① 내일 퇴원하셔도 됩니다.
▶ 明日(あした)退院(たいいん)してもいいです。

② 끝난 사람은 먼저 돌아가도 돼요.
▶ 終(お)わった人(ひと)は、先(さき)に帰(かえ)ってもいいです。

③ 앙코르 때는 사진을 찍어도 돼요.
▶ アンコールの時(とき)は、写真(しゃしん)を撮(と)ってもいいです。

④ 이거 사용해도 되나요?
▶ これ、使(つか)ってもいいですか。

[JLPT N5]
⑤ 게임해도 되나요?
▶ ゲームしてもいいですか。

단어 隣(となり) 옆 | 座(すわ)る 앉다 | どうぞ 승낙/허가를 나타내는 공손한 말씨 | 退院(たいいん)する 퇴원하다 | 終(お)わる 끝나다 | 人(ひと) 사람 |
先(さき)に 먼저, 앞서 | アンコール 앙코르 | 時(とき) 때, 시

패턴 042

제가 먹어 볼게요.

'~해 볼게요'라는 뜻으로 동사 て형에 「…みる」를 붙여 시도, 도전을 나타냅니다. 「…てみます、てみました、てみましょう、てみませんか」등 다양하게 활용할 수 있습니다.

 문장구조   동사 て형 + てみます

🐾 STEP 1 대화 속에서 만나보GO!

 Track 042-1

このラーメン辛いですか。   이 라면 매워요?

私が食べてみます。   제가 먹어 볼게요.

🐾 STEP 2 패턴으로 연습하GO!

 Track 042-2

❶ 승무원에게 물어볼게요.   ▶ 乗務員に聞いてみます。

❷ 야마다 씨에게 전화해 볼게요.   ▶ 山田さんに電話してみます。

❸ 우선 짐부터 옮겨 볼게요.   ▶ まず荷物から運んでみます。

❹ 생일 파티를 준비해 볼게요.   ▶ 誕生日パーティーを準備してみます。

JLPT N5
❺ 자료를 조사해 보겠습니다.   ▶ 資料を調べてみます。

단어   乗務員 승무원 | 聞く 묻다, 듣다 | まず 우선, 일단 | 荷物 짐 | 運ぶ 옮기다 | 誕生日 생일 | 準備する 준비하다 |
資料 자료 | 調べる 조사하다

패턴 043 창문이 열려 있어요.

'~해 있어요'라는 뜻으로 동사 て형 뒤에 쓰여 동사의 현재 상태를 나타내는 표현입니다. 어떠한 목적을 지니고 한 행동의 결과가 지속되고 있음을 나타냅니다.

문장구조 동사 て형 + てあります

STEP 1 대화 속에서 만나보GO!

 Track 043-1

少^{すこ}し寒^{さむ}いです。 좀 추워요.

そうですね。窓^{まど}が開^あけてあります。
그렇네요. 창문이 열려 있어요.

STEP 2 패턴으로 연습하GO!

 Track 043-2

① TV가 켜져 있어요. ▸ テレビがつけてあります。

② 공지가 적혀 있어요. ▸ お知^しらせが書^かいてあります。

③ 벽에 포스터가 붙어 있어요. ▸ 壁^{かべ}にポスターが貼^はってあります。

④ 테이블 위에 책이 놓여 있어요. ▸ テーブルの上^{うえ}に本^{ほん}が置^おいてあります。

JLPT N5
⑤ 달력에 일정이 적혀 있어요. ▸ カレンダーに、予定^{よてい}が書^かいてあります。

단어 つける 켜다 | お知^しらせ 공지, 안내문 | 壁^{かべ} 벽 | ポスター 포스터 | 貼^はる 붙이다 | テーブル 테이블 | 上^{うえ} 위, 위쪽 | 置^おく 놓다, 두다 | カレンダー 달력, 캘린더 | 予定^{よてい} 일정, 예정

패턴 044

시험에 합격했어.

'~했어'라는 뜻으로 동사 그룹별로 다르게 변형시켜 과거형을 나타내는 반말체입니다. 끝음을 올리거나 「…か」를 붙여 의문문을 만들 수 있고, 「…です」를 붙여 정중체로 쓸 수도 있습니다.

 동사 た형 + **た**

🐾 STEP 1 대화 속에서 만나보GO! Track 044-1

顔色悪いよ。何かあった？ 안색이 안 좋아. 무슨 일 있어?
かお いろ わる　　　なに

彼女と別れた。 여자 친구랑 헤어졌어.
かの じょ　　わか

🐾 STEP 2 패턴으로 연습하GO! Track 044-2

❶ 막차를 탔어. ▸ **終電に乗った。**
　　　　　　　　しゅう でん　　の

❷ 시험에 합격했어. ▸ **試験に受かった。**
　　　　　　　　し けん　　う

❸ 피곤해서 푹 잤어. ▸ **疲れて、ぐっすり寝た。**
　　　　　　　　つか　　　　　　　ね

❹ 가지 않기로 결정했어. ▸ **行かないことに決めた。**
　　　　　　　　い　　　　　　　　き

JLPT N5
❺ 겨우 비가 그쳤어. ▸ **やっと雨がやんだ。**
　　　　　　　　　　　あめ

단어 顔色 안색 | 悪い 나쁘다, 좋지 않다 | 何か 무언가 | 別れる 헤어지다 | 終電 막차 | 乗る 타다 | 受かる (시험 등에)
かおいろ　　　わる　　　　　　　　　なに　　　　わか　　　　　しゅうでん　　の　　　　う
붙다, 합격하다 | 疲れる 피로해지다, 지치다 | 決める 결정하다 | やっと 겨우, 가까스로 | やむ 그치다, 멈추다
　　　　　　つか　　　　　　　　　き

수다 떨거나 카페 가거나 해요.

'~하거나, ~하거나 해요'라는 뜻으로 동사 た형 뒤에 쓰여 몇 가지의 행동 중 대표적인 행동 두 가지 정도를 나열할 때 사용합니다.

문장구조 [동사 た형] + [たり、] + [동사 た형] + [たりします]

🐾 **STEP 1** 대화 속에서 만나보GO!   Track 045-1

普通、友達に会って何をしますか。
보통, 친구를 만나서 뭘 해요?

おしゃべりをしたり、カフェに行ったりします。
수다를 떨거나 카페에 가거나 해요.

🐾 **STEP 2** 패턴으로 연습하GO!   Track 045-2

① 家で休んだり、ジムに行ったりします。
집에서 쉬거나 헬스장을 가거나 해요.

② 映画を見たり、旅行に行ったりします。
영화 보거나 여행 가거나 해요.

③ 成績が上がったり、下がったりします。
성적이 오르락 내리락해요.

④ 美味しい物を食べたり、道を歩いたりしました。
맛있는 걸 먹거나 길을 걷거나 했어요.

⑤ テニスをしたり、カラオケに行ったりします。
JLPT N5 테니스를 하거나 노래방에 가거나 해요.

단어 普通 보통 | おしゃべり 수다, 잡담 | ジム 헬스장 | 成績 성적 | 下がる 내리다 | 物 물건, 것 | 道 길 | カラオケ 노래방

패턴 046 지난주에 찍은 사진이에요.

다양한 형태의 동사 뒤에 명사를 붙여 명사를 수식할 수 있습니다. '먹고 있는/먹었던/먹지 않는 + 영양제'와 같이 다양한 상황에 맞추어 활용할 수 있습니다.

문장구조 | 동사 현재형 · 과거형 · 진행형 · 부정형 | **+** | 명사

 STEP 1 대화 속에서 만나보GO!　　　　　　　　　　　 Track 046-1

> これ、いつ撮(と)りましたか。　이거 언제 찍었어요?

> 先週(せんしゅう)撮(と)った写真(しゃしん)です。　지난주에 찍은 사진이에요.

 STEP 2 패턴으로 연습하GO!　　　　　　　　　　　 Track 046-2

① 다음 주에 귀국할 예정이에요.
▶ 来週(らいしゅう)帰国(きこく)する予定(よてい)です。

② 여기는 채소만 파는 가게예요.
▶ ここは野菜(やさい)だけ売(う)っている店(みせ)です。

③ 부모님께 받은 선물이에요.
▶ 両親(りょうしん)からもらったプレゼントです。

④ 그다지 책을 읽지 않는 학생이었다.
▶ あまり本(ほん)を読(よ)まない学生(がくせい)だった。

⑤ 【JLPT N5】 여행 갔을 때, 여러 경험을 했다.
▶ 旅行(りょこう)に行(い)った時(とき)、いろいろな経験(けいけん)をした。

단어 来週(らいしゅう) 다음 주 | 帰国(きこく) 귀국 | 売(う)る 팔다 | 店(みせ) 가게 | 両親(りょうしん) 부모님 | もらう 받다 | プレゼント 선물 | いろいろ 여러 가지 | 経験(けいけん) 경험

🐾 지금까지 배운 패턴을 연습 문제를 통해 복습해 보세요.

TEST 1 녹음을 듣고 말하며 빈칸 채워보기! 🎧 Track 046-3

1 一緒_{いっしょ}に帰_{かえ}り_____。

2 少_{すこ}し分_わかり_____。

3 次_{つぎ}の信号_{しんごう}で右_{みぎ}に曲_まがっ_____。

TEST 2 한국어 해석에 알맞은 일본어 문장 고르기!

> **1** 콜라를 마시고 싶어요.
>
> ❶ コーラが飲_のみたいです。
> ❷ 飲_のみたいコーラです。

> **2** 이 설명서는 이해하기 쉬워요.
>
> ❶ この説明書_{せつめいしょ}が分_わかるやすいです。
> ❷ この説明書_{せつめいしょ}は分_わかりやすいです。

TEST 3 빈칸에 들어갈 알맞은 패턴을 골라 연결하기!

1 風邪_{かぜ}をひき [　　　]。　• • a そうです
감기 걸릴 것 같아요.

2 乗務員_{じょうむいん}に聞_きい [　　　]。　• • b た
승무원에게 물어볼게요.

3 終電_{しゅうでん}に乗_のっ [　　　]。　• • c てみます
막차를 탔어.

그림을 보고, 단어를 활용하여 대화 완성하기!

A 한잔하러 갈래요? ✽ 飲みに行く 술 마시러 가다

_____

B 어제 이미 과음했어요. ✽ もう 이미

_____

TEST 5 제시된 단어를 보고, 배운 패턴을 활용하여 문장 만들기!

1 술을 너무 많이 마셨어요.

_____

HINT お酒 술 | 飲む 마시다

2 탄수화물은 거의 먹지 않아요.

_____

HINT 炭水化物 탄수화물 | ほとんど 거의 | 食べる 먹다

3 교실에는 아무도 없었어요.

_____

HINT 教室 교실 | 誰も 아무도 | いる 있다

4 여기서 담배를 피우지 말아 주세요.

_____

HINT ここ 여기 | タバコ 담배 | 吸う 들이마시다

CHAPTER 2

가장 자주 쓰는
필수 패턴

047-100

이번 챕터에서는 '요리 잘하는 사람이 좋아요', 'SNS에서 본 적 있어요', '더우니까 창문 좀 열까요?', '집까지 데려다 줬어요'와 같이 기호, 경험, 이유, 수수 표현 등 일상 대화 중에서 자주 쓰이는 필수 표현 위주로 학습합니다. 특히 헷갈리기 쉬운 변화와 수수 표현을 다양한 예문을 통해 학습할 수 있습니다.

학습순서

본문 + MP3

연습 문제

총정리
쓰기 노트

단어 테스트

말하기
트레이닝

슈퍼 E 시바군과 완전 I 집냥이의 콘서트 관람기!

위 이야기 속 표현을 일본어로 말할 수 있나요?
지금 당장은 어렵더라도 이번 챕터를 모두 학습한 후에는
모두 일본어로 말할 수 있을 거예요!

패턴 047 맥북 프로 갖고 싶어요.

'~이 갖고 싶어요', '~이 필요해요'라는 뜻으로 원하는 것을 나타내는 표현입니다. 「ほしい」는 い 형용사의 과거형, 부정형 등과 동일한 형태로 변화시켜서 다양하게 사용할 수 있습니다.

문장구조	명사	+	がほしいです

STEP 1 대화 속에서 만나보GO!

誕生日（たんじょうび）プレゼント、何（なに）かほしいものがありますか。
생일 선물, 뭐 갖고 싶은 거 있어요?

マックブックプロがほしいです。
맥북 프로가 갖고 싶어요.

STEP 2 패턴으로 연습하GO!

① 나만의 공간이 필요해요.
▶ 私（わたし）だけの空間（くうかん）がほしいです。

② 튼튼한 테이블이 필요해요.
▶ 丈夫（じょうぶ）なテーブルがほしいです。

③ 가끔은 이야기 상대가 필요해요.
▶ たまには話（はな）し相手（あいて）がほしいです。

④ 채소로 만든 요리를 원해요.
▶ 野菜（やさい）で作（つく）った料理（りょうり）がほしいです。

JLPT N5
⑤ 좀 더 시간이 필요했어요.
▶ もっと時間（じかん）がほしかったです。

단어 | マックブックプロ 맥북 프로 | 空間（くうかん） 공간 | 丈夫（じょうぶ）だ 튼튼하다 | たまに 가끔 | 話（はな）し相手（あいて） 이야기 상대, 말동무 |
もっと 좀 더, 더

048

마음을 편하게 해주는 사람이 좋아요.

'~이 좋아요'라는 뜻으로 선호도를 나타내는 표현입니다. 「好きだ」는 な형용사의 과거형, 부정형 등과 동일한 형태로 변화시켜서 다양하게 사용할 수 있습니다.

 명사 + **が好きです**

STEP 1 **대화 속에서 만나보GO!**   Track 048-1

> 理想のタイプは何ですか。　이상형이 뭐예요?

> 癒し系の人が好きです。　마음을 편하게 해 주는 사람이 좋아요.

STEP 2 **패턴으로 연습하GO!**   Track 048-2

① 자상한 사람이
좋아요.
▶ 優しい人が好きです。

② 화려한 무늬가
좋아요.
▶ 派手な柄が好きです。

③ 그 사람의 의외의
면이 좋아요.
▶ あの人の意外な面が好きです。

④ 연속극을 좋아해서
매일 봐요.
▶ 連ドラが好きで、毎日見ています。

JLPT N5
⑤ 트레이닝복을 좋아해서
항상 입고 있어요.
▶ ジャージが好きで、いつも着ています。

단어 理想のタイプ 이상형 | 癒し系 마음을 편하게 해 주는 사람 또는 물건, 힐링 | 柄 무늬 | あの 그, 저 | 意外 의외, 뜻밖 |
連ドラ 연속극 | ジャージ 트레이닝복 | いつも 항상, 언제나 | 着る 입다

패턴 049 요리를 잘하시네요.

'~을 잘하시네요'라는 뜻으로 상대방의 솜씨, 실력 등을 칭찬할 때 쓰는 표현입니다. 단순히 타인의 능력을 말할 때는 「が上手です」로 나타낼 수 있습니다.

문장구조 **명사** + **がお上手ですね**

🐾 STEP 1 대화 속에서 만나보GO!   Track 049-1

私が作ったパンです。どうですか。
제가 만든 빵이에요. 어때요?

凄く美味しいです！お料理がお上手ですね。
엄청 맛있어요! 요리를 잘하시네요.

🐾 STEP 2 패턴으로 연습하GO! Track 049-2

❶	골프를 잘하시네요!	▶ ゴルフがお上手ですね！
❷	야마다 씨, 한국어를 잘하시네요!	▶ 山田さん、韓国語がお上手ですね！
❸	남자 친구는 모든 운동을 잘해요.	▶ 彼氏はすべての運動が上手です。
❹	카토 씨는 베이킹을 잘해요.	▶ 加藤さんはベーキングが上手です。
JLPT N5 ❺	야마다 씨는 기타를 정말 잘 쳐요.	▶ 山田さんはギターが凄く上手です。

단어 凄く 굉장히, 정말, 몹시 | ゴルフ 골프 | すべて 모두, 전부 | ベーキング 베이킹 | ギター 기타

패턴 050 저는 수영은 잘 못해요.

'~은 잘 못해요'라는 뜻으로 서툴고 잘하지 못하는 것을 말하거나 '~은 좋아하지 않아요'라는 뜻으로 선호하지 않는 것을 말할 때 쓰는 표현입니다.

 문장구조 | 명사 + は苦手^{にが て}です

※ **STEP 1** 대화 속에서 만나보GO! Track 050-1

週末^{しゅうまつ}に何^{なに}しますか。水泳^{すい えい}しに行^いきませんか。
주말에 뭐 해요? 수영하러 가지 않을래요?

あ…私^{わたし}は水泳^{すい えい}は苦手^{にが て}です。 아… 저는 수영은 잘 못해요.

※ **STEP 2** 패턴으로 연습하GO! Track 050-2

❶ 제 남동생은 운전은 서툴러요. ▶ 私^{わたし}の弟^{おとうと}は運転^{うん てん}は苦手^{にが て}です。

❷ 저는 머리 손질은 잘 못해요. ▶ 私^{わたし}は、ヘアセットは苦手^{にが て}です。

❸ 저는 뜨거운 차는 별로 안 좋아해요. ▶ 私^{わたし}は、熱^{あつ}いお茶^{ちゃ}は苦手^{にが て}です。

❹ 부모님은 와인은 별로 안 좋아해요. ▶ 両親^{りょうしん}は、ワインは苦手^{にが て}です。

JLPT N5
❺ 매운 것은 잘 못 먹어요. ▶ 辛^{から}いものは苦手^{にが て}です。

단어 弟^{おとうと} 남동생 | 運転^{うんてん} 운전 | ヘアセット 머리 손질하기 | 熱^{あつ}い 뜨겁다 | お茶^{ちゃ} 차

사실은 저 테니스를 잘해요.

'~을 잘해요'라는 뜻으로 어떤 것을 능숙하게 잘하는 경우에 사용합니다. 「得意だ」는 な형용사의 과거형, 부정형 등과 동일한 형태로 변화시켜서 다양하게 활용할 수 있습니다.

문장구조 명사 + が得意です

STEP 1 대화 속에서 만나보GO!

 テニスお上手ですね！ 테니스 잘하시네요!

実は…私、テニスが得意です。
사실은… 저 테니스를 잘해요.

STEP 2 패턴으로 연습하GO!

① 제 여동생은 정리 정돈을 잘해요.
▶ 私の妹は片付けが得意です。

② 다나카 교수님은 강의를 잘하세요.
▶ 田中先生は講義が得意です。

③ 제 친구는 도시락 싸는 걸 잘해요.
▶ 私の友達はお弁当作りが得意です。

④ 저는 수학은 그다지 잘하지 못해요.
▶ 私は数学はあまり得意じゃないです。

⑤ JLPT N5 저는 노래는 잘 못해요.
▶ 私は歌は得意じゃないです。

단어 実は 사실은, 실은 | 片付け 정리, 정돈 | 講義 강의 | お弁当作り 도시락 싸기 | 数学 수학

패턴 052

메시지 보내둘게요.

'~해 둘게요'라는 뜻으로 동사 て형 뒤에 쓰여 어떤 일을 사전에 준비하는 경우나 미리 처리해놓
겠다는 의지를 나타내는 표현입니다.

 문장구조 | 동사 て형 + ておきます

🐾 **STEP 1** 대화 속에서 만나보GO! Track 052-1

ハナさんはまだですか。 하나 씨는 아직이에요?

ライン送っておきます。 라인 보내두겠습니다.

🐾 **STEP 2** 패턴으로 연습하GO! Track 052-2

① 티켓을 예약해
둘게요.
▸ チケットを予約しておきます。

② 자료를 복사해
두겠습니다.
▸ 資料をコピーしておきます。

③ 맛있는 메밀 국수를
만들어 둘게요.
▸ 美味しいおそばを作っておきます。

④ 이 단어를 꼭
외워 둡시다.
▸ この単語を覚えておきましょう。

JLPT N5
⑤ 그의 생일 선물을
사 둘게요.
▸ 彼の誕生日プレゼントを買っておきます。

단어 ライン 라인 | 送る 보내다 | 予約 예약 | コピー 복사 | そば 메밀 국수 | 単語 단어

053

식사하고 나서 약 드세요.

'~하고 나서'라는 뜻으로 동작의 선후 관계를 나타낼 수 있습니다. 「Aてから B」형식으로 쓰여 A 행동을 먼저 하고 그 다음에 B 행동을 하는 경우에 쓸 수 있습니다.

문장구조 | 동사 て형 | + | てから |

STEP 1 대화 속에서 만나보GO! Track 053-1

このお薬は今飲んでもいいですか。
이 약은 지금 먹어도 되나요?

食事をしてから飲んでください。
식사를 하고 나서 드세요.

STEP 2 패턴으로 연습하GO! Track 053-2

① 歯を磨いてから、寝ます。
이를 닦고 나서 잡니다.

② チェックインしてから、少し休みます。
체크인하고 나서 좀 쉬어요.

③ 仕事が終わってから、すぐ帰りました。
일 끝나고 나서 바로 집에 돌아갔어요.

④ ご飯を食べてから、ショッピングしましょう！
밥 먹고 나서 쇼핑해요!

⑤ 本を読んでから、レポートを書いてください。
[JLPT N5] 책을 읽고 나서 리포트를 쓰세요.

단어 薬 약 | 歯 이, 치아 | 磨く 닦다 | チェックイン 체크인 | すぐ 바로, 곧

늦잠 자 버렸어요.

'(의도치 않게) ~해 버렸어요'라는 뜻으로 동사 て형 뒤에 쓰입니다. 이와 반대로, 화자의 의도가 들어가서 행동을 '끝내다', '해치우다'라는 의미로도 쓸 수 있습니다.

 동사 て형 + てしまいました

 STEP 1 대화 속에서 만나보GO!　　　　　Track 054-1

遅(おそ)かったですね。どうしましたか。
늦었네요. 무슨 일 있었어요?

 寝坊(ねぼう)してしまいました。　늦잠 자 버렸어요.

STEP 2 패턴으로 연습하GO!　　　　　 Track 054-2

① 스마트폰을
잃어버렸어요.
▶ スマホをなくしてしまいました。

② 넘어져서 상처나
버렸어요.
▶ 転(ころ)んで怪我(けが)をしてしまいました。

③ 흰 셔츠가 더러워져
버렸어요.
▶ 白(しろ)いシャツが汚(よご)れてしまいました。

④ 컴퓨터가 고장나
버렸어요.
▶ コンピューターが壊(こわ)れてしまいました。

JLPT N5
⑤ 리포트를 전부
써 버렸어요.
▶ レポートを全部(ぜんぶ)書(か)いてしまいました。

단어 寝坊(ねぼう) 늦잠을 잠 | なくす 잃다, 분실하다 | 転(ころ)ぶ 넘어지다 | 怪我(けが) 상처 | 白(しろ)い 희다, 하얗다 | シャツ 셔츠 |
汚(よご)れる 더러워지다 | コンピューター 컴퓨터 | 壊(こわ)れる 고장 나다

패턴
055

에어컨 켠 채로 잤어.

'~한 채로'라는 뜻으로 동사 た형 뒤에 쓰여 어느 동작이나 상태가 그대로 유지된 상황에서 다른 동작이 이루어지는 경우를 나타낼 수 있습니다.

문장구조 동사 た형 + たまま

🐾 **STEP 1** 대화 속에서 만나보GO! Track 055-1

風邪_{かぜ}ですか。　감기예요?

はい。クーラーをつけ**たまま**、寝_ねてしまいました。
네. 에어컨을 켠 채로 잠들어 버렸어요.

🐾 **STEP 2** 패턴으로 연습하GO! Track 055-2

① 化粧_{け しょう}し**たまま**、寝_ねてしまいました。
화장한 채로 잠들어 버렸어요.

② ヒーターをつけ**たまま**、出_でかけました。
히터를 켜 놓은 채로 외출했어요.

③ 靴_{くつ}を履_はい**たまま**、入_{はい}らないでください。
신발을 신고 들어가지 마십시오.

④ トランクを開_{ひら}け**たまま**、出発_{しゅっぱつ}しました。
트렁크를 연 채로 출발했어요.

⑤ パジャマを着_き**たまま**、出_でかけてしまいました。
_{JLPT N5} 파자마를 입은 채로 나와 버렸어요.

단어　クーラー 에어컨 | 化粧_{け しょう} 화장 | ヒーター 히터 | 出_でかける 외출하다, 나가다 | 入_{はい}る 들어가다, 들어오다 | トランク 트렁크 | 出発_{しゅっぱつ}する 출발하다 | パジャマ 파자마

패턴 056 휴일은 평일보다 사람이 많아요.

'(명사1)이 (명사2)보다'라는 뜻으로 명사 두 가지를 놓고 비교할 때 쓰는 표현입니다. 문장 뒤에는 주로 명사의 상태를 나타내는 형용사가 쓰입니다.

문장구조 | 명사1 | + | は | + | 명사2 | + | より |

STEP 1 대화 속에서 만나보GO! Track 056-1

人込みがすごいですね！ 인파가 굉장하네요!

休日は平日より人が多いです。
휴일은 평일보다 사람이 많아요.

STEP 2 패턴으로 연습하GO! Track 056-2

① 형은 동생보다
키가 커요.
▶ 兄は弟より背が高いです。

② 제 여동생은
저보다 예뻐요.
▶ 私の妹は私よりきれいです。

③ 부산은 서울보다
따뜻해요.
▶ プサンはソウルより暖かいです。

④ 고속 열차는
일반 열차보다 비싸요.
▶ 高速列車は普通の列車より高いです。

JLPT N5
⑤ 편의점은 슈퍼마켓보다
가까워요.
▶ コンビニはスーパーより近いです。

단어 人込み (사람으로) 붐빔 | すごい 굉장하다 | 平日 평일 | 兄 형 | プサン 부산 | 暖かい 따뜻하다 |
高速列車 고속 열차 | コンビニ 편의점 | スーパー 슈퍼마켓 | 近い 가깝다

핫이랑 아이스, 어느 쪽이 좋아요?

'(명사1)과 (명사2) 어느 쪽'이라는 뜻으로 명사 두 가지를 놓고 질문할 때 쓰는 표현입니다. 일상 회화에서는 「どっち」를 주로 쓰고, 문어체나 정중체에서는 「どちら」를 씁니다.

 문장구조

| 명사1 | + | と | + | 명사2、 | どっちが |

STEP 1 대화 속에서 만나보GO!   🎧 Track 057-1

> ホットとアイス、どっちが好きですか。
> 따뜻한 커피랑 아이스 커피, 어느 쪽이 좋아요?

> アイスが好きです。 아이스 커피가 좋아요.

STEP 2 패턴으로 연습하GO!   🎧 Track 057-2

❶ 夏と冬、どっちが好きですか。
여름과 겨울, 어느 쪽을 좋아해요?

❷ 年上と年下、どっちがいいですか。
연상과 연하, 어느 쪽이 좋아요?

❸ 旅行と休み、どちらがご希望ですか。
여행과 쉼, 어느 쪽을 원해요?

❹ マンションと一軒家、どっちが好みですか。
맨션아파트와 독립 주택, 어느 쪽이 취향이에요?

❺ ボールペンと鉛筆、どっちが書きやすいですか。

JLPT N5 볼펜과 연필, 어떤 게 쓰기 편해요?

단어 ホット 핫, 뜨거움 | アイス 아이스, 얼음 | 夏 여름 | 冬 겨울 | 年上 연상 | 年下 연하 | 希望する 원하다, 희망하다 |
マンション 맨션아파트 | 一軒家 독립 주택 | 好み 취향, 기호 | 鉛筆 연필

패턴 058
영화보다 애니메이션을 좋아해요.

'(명사1)보다 (명사2)가 더'라는 뜻으로 명사 두 가지를 놓고 비교할 때 쓰는 표현입니다. 명사1을 비교 대상에 놓고 명사2에 대해서 설명할 때 씁니다.

 문장구조   명사1 + より + 명사2 + の方が

Track 058-1

STEP 1 대화 속에서 만나보GO!

私は映画よりアニメの方が好きです。
저는 영화보다 애니메이션을 좋아해요.

え、本当ですか。私もそうです。
앗, 정말요? 저도 그래요.

STEP 2 패턴으로 연습하GO!

Track 058-2

❶ 바다보다 산이 좋아요. ▶ 海より山の方が好きです。

❷ 아직 결혼보다 연애가 좋아요. ▶ まだ結婚より恋愛の方が好きです。

❸ 편의점보다 인터넷이 저렴해요. ▶ コンビニよりネットの方が安いです。

❹ 일요일보다 금요일이 즐거워요. ▶ 日曜日より金曜日の方が楽しいです。

JLPT N5
❺ 영어보다 일본어가 쉬워요. ▶ 英語より日本語の方が易しいです。

단어 アニメ 애니메이션 | 本当だ 정말이다 | 海 바다 | 山 산 | 結婚 결혼 | 恋愛 연애 | ネット 인터넷 | 日曜日 일요일 | 金曜日 금요일

패턴 059 애니메이션 중에서 지브리가 가장 좋아요.

'~중에서 ~이 가장'이라는 뜻으로 여러 가지 명사를 나타내는 명사 집단 중에서 어떤 것 하나를 꼽아 최상급을 나타낼 때 쓰는 표현입니다.

문장구조   명사 집단 + の中^{なか}で + 명사1 + が一番^{いちばん}

STEP 1 대화 속에서 만나보GO!

> どんなアニメが好^すきですか。　어떤 애니메이션을 좋아해요?

> 日本^{に ほん}のアニメの中^{なか}で、ジブリが一番^{いち ばん}好^すきです。
> 일본 애니메이션 중에서 지브리가 가장 좋아요.

STEP 2 패턴으로 연습하GO!

① 계절 중에서 봄이 가장 좋아요.
▶ 季節^{き せつ}の中^{なか}で春^{はる}が一番^{いち ばん}好^すきです。

② 동물 중에 강아지가 가장 귀여워요.
▶ 動物^{どう ぶつ}の中^{なか}で子犬^{こ いぬ}が一番^{いち ばん}可愛^{か わい}いです。

③ 음식 중에 라멘이 가장 좋아요.
▶ 食^たべ物^{もの}の中^{なか}でラーメンが一番^{いち ばん}好^すきです。

④ 스포츠 중에 축구가 가장 좋아요.
▶ スポーツの中^{なか}でサッカーが一番^{いち ばん}好^すきです。

JLPT N5
⑤ 가족 중에서 여동생이 가장 키가 커요.
▶ 家族^{か ぞく}の中^{なか}で妹^{いもうと}が一番^{いち ばん}背^せが高^{たか}いです。

단어 ジブリ 지브리(일본 애니메이션 제작사) | 季節^{き せつ} 계절 | 春^{はる} 봄 | 動物^{どう ぶつ} 동물 | 子犬^{こ いぬ} 강아지 | スポーツ 스포츠 | サッカー 축구 | 家族^{か ぞく} 가족

패턴 060

워킹홀리데이를 가게 되었어요.

'~하게 되었어요'라는 뜻으로 자신의 의향과는 상관없이 어떤 상황이 되었음을 나타내는 표현입니다. 또는 자신의 의도에 따른 상황이지만 이를 조금 돌려서 말할 때도 쓸 수 있습니다.

 문장구조 **동사 기본형** + **ことになりました**

STEP 1 대화 속에서 만나보GO! 🎧 Track 060-1

ワーキングホリデーに行くことになりました。
워킹 홀리데이를 가게 되었어요.

良かったですね！ 잘됐네요!

STEP 2 패턴으로 연습하GO! 🎧 Track 060-2

① 내년에
결혼하게 되었어요.
▶ 来年、結婚することになりました。

② 도쿄대에
입학하게 되었어요.
▶ 東大に入学することになりました。

③ 병원에
입원하게 되었어요.
▶ 病院に入院することになりました。

④ 회사 근처로
이사하게 되었어요.
▶ 会社の近くに引っ越すことになりました。

JLPT N5
⑤ 다음 달에
귀국하게 되었어요.
▶ 来月、帰国することになりました。

단어 ワーキングホリデー 워킹 홀리데이 | 良かった 잘됐다, 다행이다 | 来年 내년 | 東大 도쿄대 | 入学する 입학하다 | 病院 병원 | 入院する 입원하다 | 引っ越す 이사하다 | 来月 다음 달

Chapter 2 필수 패턴 **85**

패턴 061

영어 회화를 공부하기로 했어요.

'~하기로 했어요'라는 뜻으로 화자가 의도를 가지고 어떠한 상황을 만드는 경우를 나타냅니다.
주로 어떤 행동을 하기로 결심하거나 계획을 세웠을 때 쓸 수 있는 표현입니다.

문장구조 　동사 기본형　 + 　ことにしました

STEP 1　대화 속에서 만나보GO!　　　　　Track 061-1

明日から毎朝、英会話を勉強することにしました。
내일부터 매일 아침, 영어 회화를 공부하기로 했어요.

それいいですね！　그거 좋네요!

STEP 2　패턴으로 연습하GO!　　　　　Track 061-2

① 담배를 끊기로
했어요.
▶ タバコをやめることにしました。

② 매주 테니스를
배우기로 했어요.
▶ 毎週、テニスを習うことにしました。

③ 도시락을 가져오기로
했어요.
▶ お弁当を持ってくることにしました。

④ 오늘부터 다이어트
하기로 했어요.
▶ 今日からダイエットすることにしました。

JLPT N5
⑤ 다음 달에 이사하기로
했어요.
▶ 来月、引っ越すことにしました。

단어　毎朝 매일 아침 | 英会話 영어 회화 | 勉強する 공부하다 | やめる 끊다, 그만두다 | 毎週 매주 | 習う 배우다 |
ダイエットする 다이어트하다

패턴 062

SNS에서 본 적 있어요.

'~한 적(경험)이 있어요'라는 뜻으로 과거의 경험을 나타낼 때 쓰는 표현입니다. 과거의 경험에 대해 상대방에게 질문할 때는 간단하게 문장 끝에 「…か」만 붙이면 됩니다.

문장구조 동사 た형 + たことがあります

 STEP 1 대화 속에서 만나보GO!   Track 062-1

> この人、知っていますか。 이 사람 알아요?

> SNSで見たことがあります。
> SNS에서 본 적 있어요.

 STEP 2 패턴으로 연습하GO!   Track 062-2

❶ 캐나다에 간 적이 있어요. ▶ カナダに行ったことがあります。

❷ 10킬로그램 뺀 적 있어요. ▶ 10キログラム痩せたことがあります。

❸ 연예인을 만나본 적 있어요? ▶ 芸能人に会ったことがありますか。

❹ 복권에 당첨된 적 있어요? ▶ 宝くじに当たったことがありますか。

JLPT N5
❺ 한 번 만난 적이 있어요. ▶ 一度、会ったことがあります。

단어 カナダ 캐나다 | キログラム 킬로그램(kg) | 痩せる 살을 빼다, 야위다 | 芸能人 연예인 | 宝くじ 복권 | 当たる 당첨되다 | 一度 한 번

패턴 063 자상함에 반했어요.

な형용사와 い형용사 뒤에 さ를 붙여 이를 명사화시키는 표현입니다. '~함'이란 뜻이나 무게, 추위, 높이 등 말하는 사람의 감정을 내포하지 않는 객관적인 표현을 만들 수 있습니다.

문장구조

な형용사 だ / い형용사 い	+	さ

だ는 빼고 연결! ····· い는 빼고 연결!

STEP 1 대화 속에서 만나보GO! Track 063-1

彼氏(かれし)のどんなところが好(す)きですか。 남자 친구의 어떤 점이 좋아요?

優(やさ)しさに惚(ほ)れました。 자상함에 반했어요.

STEP 2 패턴으로 연습하GO! Track 063-2

① 치마의 길이는 56센티미터예요.
▶ スカートの長(なが)さは56センチです。

② 후지산의 높이는 3,776미터예요.
▶ 富士山(ふじさん)の高(たか)さは3776メートルです。

③ 이 노트북의 무게는 900그램이에요.
▶ このパソコンの重(おも)さは900グラムです。

④ 스트레스 관리의 중요함을 느꼈어요.
▶ ストレスケアの大切(たいせつ)さを感(かん)じました。

JLPT N5
⑤ 이곳의 깊이는 2미터예요.
▶ ここの深(ふか)さは2メートルです。

단어 優(やさ)しさ 자상함 | 惚(ほ)れる 반하다 | スカート 치마 | 長(なが)さ 길이 | センチ 센티미터(cm) | 富士山(ふじさん) 후지산 | 高(たか)さ 높이 | メートル 미터(m) | パソコン 노트북 | 重(おも)さ 무게 | グラム 그램(g) | ストレスケア 스트레스 관리 | 大切(たいせつ)さ 중요함 | 感(かん)じる 느끼다 | 深(ふか)さ 깊이

패턴 064 지금은 낫또를 좋아하게 되었어요.

'~하게/~이 되었어요'라는 뜻으로 な형용사나 명사 뒤에 쓰입니다. 특정 상황, 상태, 선호도 등이
과거와는 다른 양상으로 변화하였음을 나타낼 수 있습니다.

문장구조 な형용사 (だ) / 명사 + になりました
    だ는 빼고 연결!

 STEP 1 대화 속에서 만나보GO! Track 064-1

> 納豆は苦手ですか。 낫또는 싫어요?

> 昔は苦手だったが、今は納豆が好きになりました。
> 전에는 싫어했는데 지금은 낫또를 좋아하게 되었어요.

 STEP 2 패턴으로 연습하GO! Track 064-2

① 야식을 좋아하게
되었어요.
▶ 夜食が好きになりました。

② 전 남친은 아이돌이
되었어요.
▶ 元カレはアイドルになりました。

③ 소금빵은 전국적
으로 유명해졌어요.
▶ 塩パンは全国的に有名になりました。

④ 대청소로 방이
깨끗해졌어요.
▶ 大掃除で、部屋がきれいになりました。

`JLPT N5`
⑤ 일본어를 잘하게
되었어요.
▶ 日本語が上手になりました。

단어 納豆 낫또(콩을 발효한 일본 식품) | 苦手だ 싫어하다, 서투르다 | 夜食 야식 | 元カレ 전 남친(전 남자 친구) |
アイドル 아이돌 | 塩パン 소금빵 | 全国的 전국적 | 大掃除 대청소

진짜 내 실력 확인하GO!

지금까지 배운 패턴을 연습 문제를 통해 복습해 보세요.

TEST 1 녹음을 듣고 말하며 빈칸 채워보기!

Track 064-3

1 お料理^{りょうり} _____ 。

2 ライン送^{おく}っ _____ 。

3 寝坊^{ねぼう}し _____ 。

TEST 2 한국어 해석에 알맞은 일본어 문장 고르기!

1 테니스 잘하시네요!
   ❶ テニスがお上手^{じょうず}ですね！
   ❷ テニスはし易^{やす}いですね！

2 만화책을 좋아해요.
   ❶ マンガが好^すきです。
   ❷ マンガが苦手^{にがて}です。

TEST 3 빈칸에 들어갈 알맞은 패턴을 골라 연결하기!

1 私^{わたし}は水泳^{すいえい} [   ] 。
   저는 수영은 잘 못해요.
   　· 　· a たことがあります

2 優^{やさ}し [   ] に惚^ほれました。
   자상함에 반했어요.
   　· 　· b は苦手^{にがて}です

3 SNSで見^み [   ] 。
   SNS에서 본 적 있어요.
   　· 　· c さ

TEST 4 그림을 보고, 단어를 활용하여 대화 완성하기!

Ⓐ 운동 잘하는 사람이 좋아요.   ＊ 人^{ひと} 사람

Ⓑ 사실은 저 테니스를 잘해요.   ＊ テニス 테니스

TEST 5 제시된 단어를 보고, 배운 패턴을 활용하여 문장 만들기!

1   청소를 하고 나서 빨래를 했어요.

HINT 掃除^{そうじ} 청소 | する 하다 | 洗濯^{せんたく}する 세탁하다

2   에어컨을 켠 채로 외출했어요.

HINT クーラー 에어컨 | つける 켜다 | 外出^{がいしゅつ}する 외출하다

3   내년에 유학하게 되었어요.

HINT 来年^{らいねん} 내년 | 留学^{りゅうがく}する 유학하다

4   내일부터 아르바이트하기로 했어요.

HINT 明日^{あした} 내일 | アルバイトする 아르바이트하다

패턴 065 정말 더워졌어요.

'~해졌어요'라는 뜻으로 い형용사 뒤에 쓰여 특정 상황, 상태, 선호도 등이 이전과는 다르게 변화하였음을 나타냅니다.

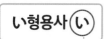

문장구조 い형용사 (い) + くなりました

い는 빼고 연결!

STEP 1 대화 속에서 만나보GO!　　　　　　　🎧 Track 065-1

きょう ほん とう あつ
今日、本当に暑いですね。 오늘 정말 덥네요.

ほん とう あつ　　　　　　　　　なつ
本当に暑くなりました。夏ですね。
정말 더워졌어요. 여름이네요.

STEP 2 패턴으로 연습하GO!　　　　　　　🎧 Track 065-2

① 옷이 작아졌어요.
　　ふく ちい
▶ 服が小さくなりました。

② 요즘 바빠졌어요.
　　さい きん いそが
▶ 最近、忙しくなりました。

③ 과일 가격이 비싸졌어요.
　　くだもの ね だん たか
▶ 果物の値段が高くなりました。

④ 비가 와서 기분이 안 좋아졌어요.
　　あめ ふ き ぶん わる
▶ 雨が降って気分が悪くなりました。

JLPT N4
⑤ 갑자기 추워졌어요.
　　きゅう さむ
▶ 急に寒くなりました。

단어 暑い 덥다 | 服 옷 | 値段 가격 | 気分 기분, 컨디션 | 急に 갑자기

패턴 066 벌써 추워졌네요.

'~동작을 해 오다'라는 뜻으로 가까워지는 물리적·공간적 이동에 쓰이기도 하고, '~해 지다', '~되다'라는 뜻으로 과거부터 현재를 향한 점진적 변화를 나타내는 경우에도 쓸 수 있습니다.

문장구조	동사 て형	+	てくる

 STEP 1 대화 속에서 만나보GO! Track 066-1

もう寒さむくなってきました。 벌써 추워졌네요.

すっかり冬ふゆになりましたね。
완전히 겨울이 되었네요.

 STEP 2 패턴으로 연습하GO! Track 066-2

❶ 계단을 천천히 내려왔어요. ▶ 階段かいだんをゆっくり降おりてきました。

❷ 야마다 씨의 짐을 가져왔어요. ▶ 山田やまださんの荷物にもつを持もってきました。

❸ 일본 생활에 익숙해졌어요. ▶ 日本にほんの生活せいかつに慣なれてきました。

❹ 서로 조금씩 가까워졌어요. ▶ お互たがいに少すこしずつ近ちかくなってきました。

JLPT N4
❺ 점점 따뜻해졌어요. ▶ だんだん暖あたたかくなってきました。

단어 もう 벌써, 이미 | すっかり 완전히, 아주 | 階段かいだん 계단 | ゆっくり 천천히 | 生活せいかつ 생활 | 慣なれる 익숙해지다 | お互たがいに 서로

お互たがいに 서로

패턴 067

점점 눈이 쌓여가네요.

'~동작을 해 가다'라는 뜻으로 멀어지는 물리적·공간적 이동에 쓰이기도 하고, '~해 지다', '~져 가다'라는 뜻으로 현재에서 미래를 향한 점진적 변화를 나타내는 경우에도 쓸 수 있습니다.

 문장구조 **동사 て형** + **ていく**

Track 067-1

STEP 1 대화 속에서 만나보GO!

どんどん暑^{あつ}くなっていきます。
점점 더워져가네요.

もう７月^{がつ}ですから。 벌써 7월이니까요.

STEP 2 패턴으로 연습하GO!

Track 067-2

① 회사까지 걸어서 갔어요. ▶ 会社^{かいしゃ}まで歩^{ある}いていきました。

② 케이크를 사 갔어요. ▶ ケーキを買^かっていきました。

③ 눈이 쌓여가네요. ▶ 雪^{ゆき}が積^つもっていきますね。

④ 성적이 높아져 갔어요. ▶ 成績^{せいせき}が上^あがっていきました。

JLPT N4
⑤ 손님이 늘어갔습니다. ▶ お客^{きゃく}さんが増^ふえていきました。

단어 積^つもる 쌓이다 ｜ お客^{きゃく}さん 손님 ｜ 増^ふえる 늘다, 늘어나다

패턴
068

사진을 찍어줬어요.

'~을 해 주다'라는 뜻으로 동작이 이루어지는 방향은 '상대방 > 나'입니다. 「くれる」는 동사이므로 과거형, 정중체 등 다양한 형태로 변화시킬 수 있습니다.

문장
구조 동사 て형 + てくれました

 STEP 1 대화 속에서 만나보GO!

> お誕生日に何をもらいましたか。
> 생일에 무엇을 받았어요?

> 友達が可愛いオルゴールを買ってくれました。
> 친구가 예쁜 오르골을 사 주었어요.

 STEP 2 패턴으로 연습하GO!

① 선생님이 길을
알려줬어요.
▶ 先生が道を教えてくれました。

② 의사가 약을
처방해주었어요.
▶ 医者が薬を処方してくれました。

③ 야마다 씨가 사진을
찍어줬어요.
▶ 山田さんが写真を撮ってくれました。

④ 엄마가 맛있는
음식을 해줬어요.
▶ 母がおいしい料理を作ってくれました。

JLPT N4
⑤ 다나카 씨가 짐을
들어주었어요.
▶ 田中さんが荷物を持ってくれました。

단어 オルゴール 오르골 | 医者 의사 | 処方する 처방하다

패턴 069 제가 집까지 데려다줬어요.

'~을 해 주다'라는 뜻으로 동작이 이루어지는 방향은 '나 > 상대방'입니다. 「あげる」는 동사이므로 과거형, 정중체 등 다양한 형태로 변화시킬 수 있습니다.

| 문장구조 | 동사 て형 | + | てあげました |

無事(ぶじ)に帰(かえ)りましたか。 무사히 집에 가셨나요?

はい、おじいさんを家(いえ)まで送(おく)ってあげました。
네, 할아버지를 집까지 모셔다 드렸습니다.

① 동생에게 케이크를
사줬어요. ▶ 弟(おとうと)にケーキを買(か)ってあげました。

② 친구에게 한국어를
알려줬어요. ▶ 友達(ともだち)に韓国語(かんこくご)を教(おし)えてあげました。

③ 여자 친구에게
목걸이를 해줬어요. ▶ 彼女(かのじょ)にネックレスをしてあげました。

④ 아버지 넥타이를
매드렸어요. ▶ お父(ちち)さんのネクタイを締(し)めてあげました。

JLPT N4
⑤ 친구에게 오야코동을
만들어줬어요. ▶ 友達(ともだち)に親子丼(おやこどん)を作(つく)ってあげました。

단어 無事(ぶじ)に 무사히 | おじいさん 할아버지 | 送(おく)る 데려다주다 | ネックレス 목걸이 | ネクタイ 넥타이 | 締(し)める 매다 |
親子丼(おやこどん) 오야코동(일본식 닭고기 계란 덮밥)

친구가 도와줬어요.

'(상대방)이 나에게 ~해 주다'라는 뜻으로 나를 위해 상대방이 어떤 행동을 해 줄 때 쓰는 표현입니다. 주로 「(상대방)에…(행동)てもらう」 형태로 쓰이며 이익을 얻는다는 뉘앙스가 있습니다.

문장구조 [동사 て형] + [てもらいました]

STEP 1 대화 속에서 만나보GO! Track 070-1

きのう、引っ越しは無事に終わりましたか。
어제 이사는 무사히 끝났어요?

はい、友達に手伝ってもらいました。
네, 친구가 도와줬어요.

STEP 2 패턴으로 연습하GO! Track 070-2

① 선배가 집까지 바래다줬어요.
▶ 先輩に家まで見送ってもらいました。

② 동료들이 송별회를 열어줬어요.
▶ 同僚に送別会を開いてもらいました。

③ 옆 사람이 교과서를 보여줬어요.
▶ 隣の人に教科書を見せてもらいました。

④ 남자 친구가 꽃을 선물해줬어요.
▶ 彼氏にお花をプレゼントしてもらいました。

JLPT N4
⑤ 친구가 사진을 보내줬어요.
▶ 友達に写真を送ってもらいました。

단어 先輩 선배 | 見送る 바래다주다, 배웅하다 | 同僚 동료 | 送別会 송별회 | 隣 옆, 이웃 | 教科書 교과서

패턴 071

자세히 알려주셨어요.

「てくれる」에서 한층 더 정중하게 말하는 경우에 쓰는 표현입니다. '~해 주다'에서 '~해 주시다' 정도의 의미 변화입니다.

 문장구조 동사 て형 + てくださいました

STEP 1 대화 속에서 만나보GO! 　Track 071-1

今日の授業は難しくなかったですか。
오늘 수업은 어렵지 않았어요?

はい、先生が詳しく教えてくださいました。
네, 선생님이 자세히 가르쳐 주셨어요.

 STEP 2 패턴으로 연습하GO! 　　Track 071-2

1 의사 선생님이
치료해 주셨어요.
▶ お医者さんが治療してくださいました。

2 부모님이
격려해 주셨어요.
▶ 両親が励ましてくださいました。

3 선배님이 일을
소개해 주셨어요.
▶ 先輩が仕事を紹介してくださいました。

4 선생님이 발음을
고쳐 주셨어요.
▶ 先生が発音を直してくださいました。

[JLPT N4]
5 부장님이 기념품을
사 주셨어요.
▶ 部長がお土産を買ってくださいました。

단어 詳しい 자세하다 | 治療する 치료하다 | 励ます 격려하다 | 紹介する 소개하다 | 直す 고치다 | 部長 부장(님)

패턴 072

많은 분들이 와 주셨어요.

「てもらう」에서 한층 더 정중하게 말하는 경우에 쓰는 표현입니다. 「(상대방)에…(행동)ていただく」로 문장을 만들고, '(상대방)이 나에게 ~해 주시다'라고 해석합니다.

 문장구조 | 동사 て형 | + | ていただきました |

STEP 1 대화 속에서 만나보GO!   🎧 Track 072-1

開業式(かいぎょうしき)はどうでしたか。　개업식은 어땠어요?

たくさんのお客(きゃく)さんに来(き)ていただきました。
많은 손님들이 와 주셨어요.

STEP 2 패턴으로 연습하GO!   🎧 Track 072-2

❶ 부모님이 생활비를
보내 주셨어요. ▶ 両親(りょうしん)に仕送(しおく)りしていただきました。

❷ 야마다 씨가
주문해 주셨어요. ▶ 山田(やまだ)さんに注文(ちゅうもん)していただきました。

❸ 선배가 방법을
설명해 주셨어요. ▶ 先輩(せんぱい)に方法(ほうほう)を説明(せつめい)していただきました。

❹ 교수님이 추천장을
써 주셨어요. ▶ 教授(きょうじゅ)に推薦状(すいせんじょう)を書(か)いていただきました。

`JLPT N4`
❺ 직원분이 짐을
옮겨 주셨어요. ▶ スタッフの方(かた)に荷物(にもつ)を運(はこ)んでいただきました。

단어 開業式(かいぎょうしき) 개업식 | 仕送(しおく)り 생활비, 학비(를 보내다) | 注文(ちゅうもん)する 주문하다 | 方法(ほうほう) 방법 | 説明(せつめい) 설명하다 | 教授(きょうじゅ) 교수(님) | 推薦状(すいせんじょう) 추천장 | スタッフ 직원, 스태프 | …方(かた) ~분(존칭) | 運(はこ)ぶ 옮기다

패턴
073
이것 좀 들어줬으면 해요.

'~해 주기를 바라요', '~해 주면 좋겠어요'라는 뜻으로 상대방에게 바라는 것을 나타내는 표현입니다. 반대로, 동사 ない형을 사용하면 상대방에게 바라지 않는 것을 나타낼 수 있습니다.

문장
구조   동사 て형   +   てほしいです

STEP 1 대화 속에서 만나보GO!   Track 073-1

吉田さん、ちょっとこれ、持ってほしいです。
요시다 씨, 이것 좀 들어주었으면 해요.

いいですよ。 좋습니다.

STEP 2 패턴으로 연습하GO!   Track 073-2

❶ 사양하지 않길 바랍니다.   ▸ 遠慮しないでほしいです。

❷ 주말에 집안일을 했으면 좋겠어요.   ▸ 週末に家事をしてほしいです。

❸ 이번에는 꼭 참석했으면 해요.   ▸ 今回は必ず参加してほしいです。

❹ 다나카 씨가 도와주었으면 해요.   ▸ 田中さんに手伝ってほしいです。

JLPT N4
❺ 얼른 따뜻해지기를 바랍니다.   ▸ 早く暖かくなってほしいです。

단어 遠慮する 사양하다, 꺼리다 | 家事 집안일 | 今回 이번 | 参加する 참석하다, 참가하다 | 早く 얼른, 빨리

저는 콜라로 할게요.

'~로 할게요'라는 뜻으로 무언가 결정한 것을 나타내며 의문형으로 쓰면 상대방의 의견을 물을 수 있습니다. 일상 회화에서는 자신이 결정한 메뉴를 말하는 경우에도 자주 쓰입니다.

문장구조 명사 + にします

 STEP 1 대화 속에서 만나보GO!   Track 074-1

> メニューは何にしますか。 메뉴는 뭘로 할래요?

> 私はオムライスにします。
> 저는 오므라이스로 할게요.

 STEP 2 패턴으로 연습하GO!   Track 074-2

① 저는 콜라로 할게요.
▶ 私はコーラにします。

② 이번 여행지는 파리로 정했어요.
▶ 今度の旅行先はパリにしました。

③ 이번 주말에 만나기로 할까요?
▶ 今週末に会うことにしましょうか。

④ 만나는 장소는 어디로 할까요?
▶ 待ち合わせ場所はどこにしますか。

JLPT N4
⑤ 큰 TV로 할까요?
▶ 大きいテレビにしましょうか。

단어 オムライス 오므라이스 | コーラ 콜라 | 旅行先 여행지 | パリ 파리(지명) | 今週末 이번 주말 |
待ち合わせ場所 만나는 장소, 약속 장소

쓰는 법을 모르겠어요.

'~하는 방법', '~하는 스타일(방식)'이라는 뜻입니다. 방법을 나타내는 단어에는 「方法(ほうほう)」도 있으나 주로 문어체에서 쓰이며, 일상 회화에서는 이 표현이 자주 쓰입니다.

 문장구조 | 동사 ます형 + 方(かた)

 STEP 1 대화 속에서 만나보GO! Track 075-1

就活(しゅうかつ)はうまくいっていますか。 취업 준비는 잘 되고 있어요?

まだ、履歴書(りれきしょ)の書(か)き方(かた)も分(わ)かりません。
아직 이력서 쓰는 법도 모르겠어요.

STEP 2 패턴으로 연습하GO! Track 075-2

① 기모노 입는 법을 모르겠어요. ▶ 着物(きもの)の着(き)方(かた)が分(わ)かりません。

② 뚜껑 여는 법을 모르겠어요. ▶ ふたの開(あ)け方(かた)が分(わ)かりません。

③ 카메라 사용법을 알려주세요. ▶ カメラの使(つか)い方(かた)を教(おし)えてください。

④ 화날 때 말투가 좀 지나쳐. ▶ 怒(おこ)った時(とき)の言(い)い方(かた)がちょっときつい。

[JLPT N4]
⑤ 병원까지 가는 법 알아요? ▶ 病院(びょういん)までの行(い)き方(かた)、分(わ)かりますか。

단어 就活(しゅうかつ) 취업 준비, 구직 활동 | うまくいく 잘 되다 | 履歴書(りれきしょ) 이력서 | 着物(きもの) 기모노 | ふた 뚜껑 | カメラ 카메라 | 怒(おこ)る 화나다, 화내다 | きつい 지나치다, (정도가) 심하다

폭우가 쏟아지기 시작했어요.

'~하기 시작했어요'라는 뜻으로 갑자기 비가 쏟아지는 등 돌발적으로 발생한 상황을 나타낼 때 쓰는 표현입니다.

문장구조 동사 ます형 + 出^だしました

→ 동사 ます형 + 出しました

 STEP 1 대화 속에서 만나보GO!　　　 Track 076-1

どうしましたか。 무슨 일이에요?

急^{きゅう}に大雨^{おおあめ}が降^ふり出^だしました。
갑자기 폭우가 오기 시작했어요.

 STEP 2 패턴으로 연습하GO!　　　 Track 076-2

① 갑자기 눈이 내리기 시작했어요.
▶ 急^{きゅう}に雪^{ゆき}が降^ふり出^だしました。

② 전화벨이 울리기 시작했어요.
▶ 電話^{でんわ}のベルが鳴^なり出^だしました。

③ 길에서 고양이가 튀어나왔어요.
▶ 道^{みち}から猫^{ねこ}が飛^とび出^だしてきました。

④ 부장님이 갑자기 화내기 시작했어요.
▶ 部長^{ぶちょう}がいきなり怒^{おこ}り出^だしました。

JLPT N4
⑤ 시계가 갑자기 움직이기 시작했어요.
▶ 時計^{とけい}が急^{きゅう}に動^{うご}き出^だしました。

단어 大雨^{おおあめ} 폭우 | ベル 벨, 초인종 | 鳴^なる 울리다, 소리가 나다 | 飛^とび出^だす 튀어나오다 | いきなり 갑자기, 느닷없이 | 時計^{とけい} 시계 | 動^{うご}く 움직이다

도쿄나 오사카에 가고 싶어요.

'~(하)거나', '~라든가'라는 뜻으로 두 가지 이상의 동사, 형용사, 명사를 나열할 때 쓰는 표현입니다. 일상 회화에서 구어체로 자주 쓰입니다.

문장구조 동사 · な형용사 · い형용사 보통형 / 명사 + とか

STEP 1 대화 속에서 만나보GO! 🎧 Track 077-1

遠距離の彼女と連絡とっていますか。
장거리(연애 중)인 여자 친구랑 연락하고 있나요?

はい。電話とかラインとかします。
네. 전화라든가 라인이라든가 해요.

STEP 2 패턴으로 연습하GO! 🎧 Track 077-1

❶ 東京とか、大阪とか行きたいです。
도쿄나 오사카나 가고 싶어요.

❷ 本を読むとか音楽を聴くとかします。
책을 읽거나 음악을 듣거나 합니다.

❸ 好きとか嫌いとか何でも言ってください。
좋다거나 싫다거나 뭐든지 말해주세요.

❹ 映画とか、演劇とかあまり好きじゃないです。
영화나 연극이나 별로 안 좋아해요.

❺ 掃除とか、洗濯とか家事を毎日している。
JLPT N4 청소라든가 빨래라든가 집안일을 매일 한다.

단어 遠距離 장거리 | 連絡をとる 연락을 하다 | 嫌だ 싫다 | 演劇 연극 | 掃除 청소 | 洗濯 빨래, 세탁

패턴 078

저 빵집이 싸고, 맛있고, 점원도 친절해.

'~(하)고'라는 뜻으로 동사, 형용사, 명사를 나열할 때 쓰는 표현입니다. 주로 일상 회화에서 이유를 열거할 때 씁니다.

문장 구조 동사・な형용사・い형용사 보통형 / 명사 だ ＋ し

STEP 1 대화 속에서 만나보GO! Track 078-1

 あそこのパン屋、安いし、おいしいし、店員も親切です。 저기 빵집 싸고, 맛있고, 점원도 친절해요.

今度行ってみます。 언제 한번 가 볼게요.

STEP 2 패턴으로 연습하GO! Track 078-2

❶ お茶も美味しいし、店も綺麗です。
차도 맛있고, 가게도 예뻐요.

❷ 彼氏は面白いし、優しいです。
남자 친구는 재미있고 자상해요.

❸ 固いし、まずいし、値段も高いです。
딱딱하고, 맛이 없고, 가격도 비싸요.

❹ 体調も悪いし、天気も悪いので疲れました。
몸도 안 좋고, 날씨도 나빠서 지쳤어요.

❺ 丈夫だし、きれいだし、人気商品です。
JLPT N4 튼튼하고 예뻐서 인기 상품입니다.

단어 固い 딱딱하다 | まずい 맛이 없다 | 体調 몸의 상태, 컨디션 | 天気 날씨 | 人気商品 인기 상품

패턴 079

사이즈 더 큰 게 있나요?

'~하는 것', '~한 것'이라는 뜻으로 동사나 형용사 뒤에 쓰여 해당 품사를 명사화하는 표현입니다.
문어체보다는 일상 회화에서 구어체로 자주 쓰입니다.

문장구조 동사・い형용사 보통형 / な형용사 な + の

STEP 1 대화 속에서 만나보GO! Track 079-1

> あの、このシャツ、もっと大きいのありますか。
> 저기요, 이 셔츠 조금 더 큰 것 있나요?

> 少々お待ちください。 잠시만 기다려 주세요.

STEP 2 패턴으로 연습하GO! Track 079-2

① 안경을 쓰고 있는 것은
누구예요?
▶ 眼鏡をかけているの誰ですか。

② 아이디어를 내는 것은
힘들어요.
▶ アイデアを出すのは大変です。

③ 아무것도 먹지 않는 것은
안 좋아요.
▶ 何も食べないのはよくないです。

④ 모르는 것을 물어보는 것은
중요해요.
▶ 分からないことを聞くのは重要です。

[JLPT N4]
⑤ 여행에 필요한 것은,
우선 체력이에요.
▶ 旅行に必要なのは、まずは体力です。

단어 少々 잠시, 잠깐 | 眼鏡 안경 | かける (안경 등을) 쓰다 | アイデア 아이디어 | 大変だ 힘들다 | 何も 아무것도 | 重要だ 중요하다 | 必要だ 필요하다 | 体力 체력

공부하고 있지만, 어렵네요.

'~하지만'이라는 뜻으로 동사나 형용사 뒤에 쓰여 앞의 상황과 반대되는 상황을 나타내는 표현입니다. 문어체보다는 일상 회화에서 구어체로 자주 쓰입니다.

문장 구조 | 동사 · い형용사 · な형용사 보통형 | + | けど |

STEP 1 대화 속에서 만나보GO!   Track 080-1

> 最近日本語の勉強、どうですか。
> 요즘 일본어 공부 어때요?

> 毎日、勉強しているけど、漢字が難しいです。
> 매일 공부하고 있지만, 한자가 어려워요.

STEP 2 패턴으로 연습하GO!   Track 080-2

① 힘들었지만
재미있었어요.
▶ 大変だったけど楽しかったです。

② 미소된장국,
연하지만 맛있어요.
▶ 味噌汁、薄いけど美味しいです。

③ 요리는 잘하지
못하지만, 좋아해요.
▶ 料理は上手じゃないけど、好きです。

④ 오래 기다렸지만,
결과가 별로네요.
▶ 長く待ったけど、結果がいまいちですね。

JLPT N4
⑤ 복습했지만,
시험이 어려웠어요.
▶ 復習したけど、試験が難しかったです。

단어 漢字 한자 | 味噌汁 미소된장국 | 薄い (맛이) 연하다, 싱겁다 | 長(ら)く 오래 | 待つ 기다리다 | 結果 결과 |
いまいち (무언가) 조금 모자라는 모양, 아쉬움 | 復習する 복습하다

진짜 내 실력 확인하GO!

지금까지 배운 패턴을 연습 문제를 통해 복습해 보세요.

TEST 1 녹음을 듣고 말하며 빈칸 채워보기!   🎧 Track 080-3

1 彼女(かのじょ)にネックレスを _____ 。

2 両親(りょうしん)に仕送(しおく)りし _____ 。

3 時計(とけい)が急(きゅう)に動(うご)き _____ 。

TEST 2 한국어 해석에 알맞은 일본어 문장 고르기!

1 친구가 펜을 사 주었어요.

❶ 友達(ともだち)がペンを買(か)ってくれました。

❷ 友達(ともだち)がペンを友達(ともだち)ってあげました。

2 선배가 도와줬어요.

❶ 先輩(せんぱい)が手伝(てつだ)ってあげました。

❷ 先輩(せんぱい)に手伝(てつだ)ってもらいました。

TEST 3 빈칸에 들어갈 알맞은 패턴을 골라 연결하기!

1 だんだん暖(あたた)かくなっ [　　　] 。   •
점점 따뜻해졌어요.

  • a 　てきました

2 成績(せいせき)が上(あ)がっ [　　　] 。   •
성적이 높아져갔어요.

  • b 　にしましょうか

3 大(おお)きいテレビ [　　　] 。   •
큰 TV로 할까요?

  • c 　ていきました

TEST 4 그림을 보고, 단어를 활용하여 대화 완성하기!

(A) 갑자기 추워졌어요.　　　　　　　　＊急(きゅう)に 갑자기

_____

(B) 얼른 따뜻해지면 좋겠어요.　　　　＊早(はや)く 얼른

_____

TEST 5 제시된 단어를 보고, 배운 패턴을 활용하여 문장 만들기!

1 영화나 드라마나 별로 안 좋아해요.

_____

HINT 映画(えいが) 영화 | ドラマ 드라마 | あまり 별로

2 요리도 맛있고 가게도 깨끗해요.

_____

HINT お料理(りょうり) 요리 | 美味(おい)しい 맛있다 | お店(みせ) 가게 | 綺麗(きれい)だ 깨끗하다

3 조금 더 작은 것 있나요?

_____

HINT 少(すこ)し 조금 | 小(ちい)さい 작다

4 스포츠는 잘하지 못하지만 좋아해요.

_____

HINT スポーツ 스포츠 | 上手(じょうず)だ 잘하다 | 好(す)きだ 좋아하다

일찍 잤는데도 피곤해요.

'~(한)데도'라는 뜻으로 동사, 형용사, 명사 뒤에 쓰여 앞부분에 언급된 이유에도 불구하고 다른 상황임을 나타낼 때 씁니다. 「けど」와 달리, 화자의 놀라움이나 불만의 뉘앙스도 내포합니다.

문장구조 동사·い형용사 보통형 / な형용사 だ・명사 な + のに

… だ는 빼고 연결!

STEP 1 대화 속에서 만나보GO!

^{つか}
疲れそうですね。 피곤해 보이네요.

^{きのう}昨日^{はや}早く^ね寝たのに、また^{ねむ}眠いです。
어제 일찍 잤는데도 또 졸려요.

STEP 2 패턴으로 연습하GO!

① 연인 사이인데도
자주 보지 못해요.
▶ ^{こいびとどうし}恋人同士なのに、あまり^あ会えません。

② 집은 학교에서
가까운데도 지각해요.
▶ ^{いえ}家は^{がっこう}学校から^{ちか}近いのに、^{ちこく}遅刻します。

③ 회화는 능숙한데
한자를 쓰지 못해요.
▶ ^{かいわ}会話は^{じょうず}上手なのに、^{かんじ}漢字を^か書けません。

④ 이 만화는 재미있는데
인기가 없어요.
▶ この^{まんが}漫画は^{おもしろ}面白いのに、^{にんき}人気がありません。

JLPT N4
⑤ 그녀는 가수인데도
노래를 못해요.
▶ ^{かのじょ}彼女は^{かしゅ}歌手なのに、^{うた}歌が^{へた}下手です。

단어 ^{こいびと}恋人 연인 | …^{どうし}同士 ~끼리 | ^{まんが}漫画 만화 | ^{にんき}人気 인기 | ^{かしゅ}歌手 가수

첫 여행이라 기대됩니다.

'~때문에', '~해서', '~하니까'라는 뜻으로 이유나 원인을 객관적으로 나타낼 때 쓰는 표현입니다.
다음 패턴인 「から」보다 더 부드럽고 정중한 뉘앙스를 가지고 있습니다.

| 문장구조 | 동사・い형용사 보통형 / な형용사 だ・명사 な | + | ので |

‥‥ だ는 빼고 연결!

 STEP 1 대화 속에서 만나보GO! 🎧 Track 082-1

いよいよ来週、スイス旅行ですね。
드디어 다음 주는 스위스 여행이네요.

初めてのスイス旅行なので、すごく楽しみです。
처음 가는 스위스 여행이어서 정말 기대돼요.

🐾 **STEP 2** 패턴으로 연습하GO! 🎧 Track 082-2

❶ 휴가라서
오늘은 쉴래요.
▶ 休暇なので、今日は休みます。

❷ 볼일이 있어서
먼저 실례할게요.
▶ 用事があるので、お先に失礼します。

❸ 채식주의자라서
고기를 안 먹어요.
▶ ベジタリアンなので、お肉は食べません。

❹ 배가 고파서
배달시켰어요.
▶ お腹が空いたので、出前を頼みました。

JLPT N4
❺ 더워서 창문을
열었어요.
▶ 暑いので、窓を開けました。

단어 いよいよ 드디어, 마침내 | スイス 스위스 | 初めて 처음으로 | 楽しみ 기대함 | 失礼 실례 | ベジタリアン
채식주의자 | お腹 배(신체) | 空く 배고프다, 허기지다 | 出前 (요리의) 배달

패턴 083 더우니까 창문 좀 열까요?

'~때문에', '~해서', '~하니까'라는 뜻으로 화자 입장에서 근거나 이유를 주관적으로 나타낼 때 쓰는 표현입니다. 「ので」보다 이유를 더 적극적이고 강하게 주장하고 싶을 때 쓸 수 있습니다.

문장구조 동사・い형용사・な형용사 보통형 / 명사 だ **+ から**

STEP 1 대화 속에서 만나보GO! Track 083-1

外はうるさいから、窓を閉めましょう。
そと　　　　　　　　　　まど　し

밖은 시끄러우니까 창문을 닫읍시다.

はい。そうしましょう。 네. 그렇게 합시다.

STEP 2 패턴으로 연습하GO! Track 083-2

① 위험하니까 조심해!
▶ 危ないから、気を付けてね！
　あぶ　　　　　き　つ

② 더우니까 창문을 열어도 될까요?
▶ 暑いから、窓を開けてもいいですか。
　あつ　　　　まど　あ

③ 별일없으니 안심해요.
▶ 大したことないから、安心してください。
　たい　　　　　　　　あんしん

④ 자리를 맡았으니까 천천히 와요.
▶ 席を取ったから、ゆっくり来てください。
　せき　と　　　　　　　　　き

JLPT N4
⑤ 더러우니까 저쪽에 갑시다.
▶ 汚いから、あそこへ行きましょう。
　きたな　　　　　　　　い

단어 外 밖, 바깥 | うるさい 시끄럽다 | 閉める 닫다 | 危ない 위험하다 | 気を付ける 조심하다 | 大した 별(이렇다 할 정도의), 대단한 | 安心する 안심하다 | 席 자리 | 取る 맡다 | 汚い 더럽다

084 메일 보내도 답이 없어요.

'~해도', '~하더라도', '~에도 불구하고'라는 뜻으로 앞에 언급된 조건과 뒤의 상황이 상반되거나 그와 일치하지 않는 경우에 쓰는 역접 표현입니다.

 문장구조 | 동사 て형 / い형용사 ⓘ く / な형용사 だ / 명사 + ても

　　　　い는 빼고 연결!　　だ는 빼고 연결!

🐾 **STEP 1** 대화 속에서 만나보GO! Track 084-1

昨日(きのう)からジホにメールしても、全然返事(ぜんぜんへんじ)が
ありません。　어제부터 지호에게 메일 보내도, 전혀 답장이 없어요.

心配(しんぱい)ですね。　걱정이네요.

🐾 **STEP 2** 패턴으로 연습하GO! Track 084-2

① 생각해도 모르겠어요. ▶ 考(かんが)えても分(わ)かりません。

② 비가 와도 오늘 시합은 있어요. ▶ 雨(あめ)でも今日(きょう)の試合(しあい)はあります。

③ 그 일은 사과해도 소용없어요. ▶ そのことは謝(あやま)っても無駄(むだ)です。

④ 야근을 해도 시간이 부족해요. ▶ 残業(ざんぎょう)をしても時間(じかん)が足(た)りません。

JLPT N4
⑤ 일본어가 서툴러도 할 수 있어요. ▶ 日本語(にほんご)が上手(じょうず)じゃなくてもできます。

단어 | メール 메일 | 全然(ぜんぜん) 전혀 | 返事(へんじ) 답장 | 考(かんが)える 생각하다 | 試合(しあい) 시합 | 謝(あやま)る 사과하다 | 無駄(むだ)だ 소용없다 | 残業(ざんぎょう) 야근 | 時間(じかん) 시간 | 足(た)りない 부족하다

아무리 먹어도 질리지 않아.

'아무리 ~해도'라는 뜻으로 역접을 나타내는 「ても」에 '아무리'라는 뜻의 「いくら」를 문장 앞에 써서 '(수량이나 정도 등이) 아무리 심해도'라는 뉘앙스를 추가할 수 있습니다.

문장구조 いくら + 동사て형・い형용사 (い) く / な형용사 (だ) / 명사 + ても

⋯ い는 빼고 연결! ⋯ だ는 빼고 연결!

STEP 1 대화 속에서 만나보GO!

 Track 085-1

この豚骨ラーメン、本当に美味しいね！
이 돈코츠 라멘, 정말 맛있어!

そうだね。いくら食べても飽きない。
맞아. 아무리 먹어도 질리지 않아.

STEP 2 패턴으로 연습하GO!

 Track 085-2

① 아무리 연습해도
잘 되지 않아.
▸ いくら練習しても、うまくできない。

② 아무리 바빠도
휴가를 씁니다.
▸ いくら忙しくても、休みをとります。

③ 아무리 신나도
과음은 안 해요.
▸ いくら楽しくても、飲み過ぎはしません。

④ 아무리 상냥한 사람도
화날 때가 있어요.
▸ いくら優しい人でも、怒るときがあります。

[JLPT N4]
⑤ 아무리 찾아도
찾을 수 없어.
▸ いくら探しても、見つからない。

단어 豚骨ラーメン 돈코츠 라멘 | 飽きる 질리다, 싫증 나다 | 練習する 연습하다 | 飲み過ぎ 과음 | 探す 찾다 |
見つかる (찾던 것을) 찾다

패턴 086

설령 바쁘더라도 운동은 해야죠.

'설령 ~해도'라는 뜻으로 역접을 나타내는 「ても」에 '설령', '혹여나'라는 뜻의 「たとえ」를 문장 앞에 써서 가정 표현을 나타낼 수 있습니다.

문장구조 [たとえ] + [동사て형 / い형용사 ⓘ く / な형용사 だ / 명사] + [ても]
··· い는 빼고 연결! ··· だ는 빼고 연결!

 STEP 1 대화 속에서 만나보GO! 🎧 Track 086-1

けんこう
健康のために、何かしていますか。
건강을 위해서 뭔가 하고 있나요?

たとえ忙しくても、毎日運動をしています。
설령 바쁘더라도 매일 운동을 하고 있어요.

 STEP 2 패턴으로 연습하GO! 🎧 Track 086-2

① 설령 바쁘더라도
매일 아침 책을 읽어요.
▶ たとえ忙しくても、毎朝本を読みます。

② 설령 힘든 일이 있어도
계속 할 거예요.
▶ たとえ大変なことがあっても、続けます。

③ 설령 사고가 나도
여긴 안전해요.
▶ たとえ事故が起きても、ここは安全です。

④ 설령 폭우가 와도
여행을 갑니다.
▶ たとえ大雨が降っても、旅行に行きます。

JLPT N4
⑤ 설령 반대해도
유학 가고 싶어요.
▶ たとえ反対しても、留学に行きたいです。

단어 健康 건강 | …ために ~을 위해서 | 続き 계속 | 事故 사고 | 反対 반대 | 留学 유학

패턴 087 영어도 중국어도 할 수 있어.

'~할 수 있다'라는 뜻으로 어떠한 능력이 있거나 가능한 상황임을 나타낼 때 쓸 수 있습니다. 1그룹, 2그룹, 3그룹 동사 종류에 따라 각각 다른 형태로 변화하므로 동사 활용표를 참고하세요.

문장구조 동사 가능형 + れる/られる

STEP1 대화 속에서 만나보GO!

 Track 087-1

ユイさん、頭（あたま）いいね。 유이 씨, 머리가 좋네.

そうだね。英語（えいご）も中国語（ちゅうごくご）も話（はな）せる。
그렇네. 영어도 중국어도 말할 수 있어.

STEP2 패턴으로 연습하GO!

 Track 087-2

① 교환 가능합니다. ▶ 交換（こうかん）できます。

② 회사까지 걸어서 갈 수 있어. ▶ 会社（かいしゃ）まで歩（ある）いて行（い）ける。

③ 신선한 해산물을 먹을 수 있어. ▶ 新鮮（しんせん）な海産物（かいさんぶつ）が食（た）べられる。

④ 교토는 절과 신사를 많이 볼 수 있어. ▶ 京都（きょうと）はお寺（てら）と神社（じんじゃ）がたくさん見（み）られる。

[JLPT N4]
⑤ 어려운 한자도 읽을 수 있어. ▶ 難（むずか）しい漢字（かんじ）も読（よ）める。

단어 中国語（ちゅうごくご） 중국어 | 交換（こうかん） 교환 | 海産物（かいさんぶつ） 해산물 | 京都（きょうと） 교토(지명) | お寺（てら） 절 | 神社（じんじゃ） 신사

사진 찍어줄 수 있나요?

'~해 줄 수 있나요?'라는 뜻으로 정중하게 요청하는 표현 중 하나입니다. 단, 윗사람에게는 더 정중한 표현인 「ていただけますか、ていただけませんか」 등을 씁니다.

문장구조 동사 て형 + てもらえませんか

 STEP 1 대화 속에서 만나보GO! Track 088-1

> すみません。写真撮ってもらえませんか。
> しゃしん と
> 저기요. 사진 찍어줄 수 있나요?

> はい。もちろんです。　네. 물론이죠.

 STEP 2 패턴으로 연습하GO! Track 088-2

① 고쳐줄 수 있나요?
▶ 直してもらえませんか。
　なお

② 우산을 가져와 줄 수 있나요?
▶ 傘を持ってきてもらえませんか。
　かさ も

③ 잠깐만 빌려줄 수 있나요?
▶ ちょっとだけ貸してもらえませんか。
　か

④ 한 번 더 설명해 줄 수 있나요?
▶ もう一度、説明してもらえませんか。
　いちど せつめい

JLPT N4
⑤ 이름을 써 줄 수 있나요?
▶ お名前を書いてもらえませんか。
　な まえ か

단어 持ってる 가지고 있다 | 貸す 빌려주다
も　　　　　　　　　　か

패턴 089 예약 취소하고 싶은데요.

'~하고 싶은데요'라는 뜻으로 자신이 희망하는 것을 상대방에게 조심스럽게 전달하면서 요청할 때 쓰는 표현입니다.

문장구조 동사 た형 **+** たいんですけど

STEP 1 대화 속에서 만나보GO! Track 089-1

予約をキャンセルしたいんですけど…。
예약 취소하고 싶은데요.

少々お待ちください。 잠시만 기다려 주세요.

STEP 2 패턴으로 연습하GO! Track 089-2

1 이벤트 참여하고 싶은데요.
▶ イベントに参加したいんですけど…。

2 1인분 포장하고 싶은데요.
▶ 一人前だけ持ち帰りたいんですけど…。

3 도쿄까지 신칸센으로 가고 싶은데요.
▶ 東京まで新幹線で行きたいんですけど…。

4 포인트 카드를 만들고 싶은데요.
▶ ポイントカードを作りたいんですけど…。

JLPT N4
5 오늘은 먼저 집에 가려고 하는데요.
▶ 今日は先に帰りたいんですけど…。

단어 キャンセル 취소 | イベント 이벤트 | …人前 ~인분 | 新幹線 신칸센(일본 고속철도) | ポイントカード 포인트 카드

여기서 담배를 피우시면 안 됩니다.

'~하면 안 됩니다'라는 뜻으로 상대방에게 금지를 나타낼 때 쓰는 표현입니다. 윗사람이 아랫사람에게 지시하는 뉘앙스를 가지고 있으므로 주의해서 써야 합니다.

문장구조 | 동사 て형 + てはいけません

STEP 1 대화 속에서 만나보GO!

 Track 090-1

すみませんが、喫煙室(きつえんしつ)はどこですか。
죄송합니다만, 흡연실은 어디입니까?

ここでタバコを吸(す)ってはいけません。
여기서 담배를 피우면 안 됩니다.

STEP 2 패턴으로 연습하GO!

 Track 090-2

❶ 수업 중에 자면
안 됩니다.
▶ 授業中(じゅぎょうちゅう)に、寝(ね)てはいけません。

❷ 스마트폰을 사용하면
안 됩니다.
▶ スマホを使(つか)ってはいけません。

❸ 일반쓰레기로 버리면
안 됩니다.
▶ 一般(いっぱん)ごみで捨(す)ててはいけません。

❹ 입원하는 동안 외출하면
안 됩니다.
▶ 入院(にゅういん)する間(あいだ)外出(がいしゅつ)してはいけません。

JLPT N4
❺ 도서관에서 큰 소리로
말하면 안 됩니다.
▶ 図書館(としょかん)で大(おお)きい声(こえ)で話(はな)してはいけません。

단어 喫煙室(きつえんしつ) 흡연실 | …中(ちゅう) ~중 | 一般(いっぱん)ごみ 일반쓰레기 | 捨(す)てる 버리다 | 間(あいだ) ~동안 | 外出(がいしゅつ)する 외출하다 |
図書館(としょかん) 도서관

남기면 안 돼요.

'~하면 안 돼요'라는 뜻으로 상대방에게 금지를 나타낼 때 쓰는 표현입니다. 주로 일상 회화에서 편한 상대에게 하면 안 되는 것을 말할 때 쓰는 표현입니다.

문장구조 | 동사 て형 + ちゃだめです / じゃだめです

🐾 STEP 1 대화 속에서 만나보GO!

 Track 091-1

食べ物を残し**ちゃだめです**。
음식을 남기면 안 돼요.

もうお腹いっぱいですけど…。
벌써 배가 부른데요….

🐾 STEP 2 패턴으로 연습하GO!

 Track 091-2

① 여기 들어가면
안 돼요.
▶ ここ、入っ**ちゃだめです**。

② 밤늦게 전화하면
안 돼요.
▶ 夜遅く電話し**ちゃだめです**。

③ 그렇게 빨리 운전하면
안 돼요.
▶ そんなに早く運転し**ちゃだめです**。

④ 약 먹을 땐
술을 마시면 안 돼요.
▶ 薬を飲む時、お酒を飲ん**じゃだめです**。

[JLPT N4]
⑤ 시험이 끝날 때까지
나가면 안 돼요.
▶ 試験が終わるまで出**ちゃだめです**。

단어 残す 남기다 | いっぱいだ 가득하다 | 入る 들어가다 | 夜遅く 밤늦게 | そんなに 그렇게

패턴 092 좋아하는 드라마가 끝나버렸어.

'~해 버렸어'라는 뜻으로 의도하거나 원하는 방향과 다른 방향으로 상황이 흘러갔을 때 이에 대한
아쉬움을 나타내는 표현입니다.

문장구조 | 동사 て형 + ちゃった / じゃった

 STEP 1 대화 속에서 만나보GO!

> どうしたの。 무슨 일 있어?

大好(だいす)きなドラマが終(お)わっちゃった。
엄청 좋아하던 드라마가 끝나 버렸어.

 STEP 2 패턴으로 연습하GO!

① 피곤해서 자버렸어. ▶ 疲(つか)れて寝(ね)ちゃった。

② 시험 전인데 놀아버렸어. ▶ 試験(しけん)の前(まえ)なのに、遊(あそ)んじゃった。

③ 비밀이었는데 말해 버렸어. ▶ 秘密(ひみ)だったのに言(い)っちゃった。

④ 미안! 주소를 틀려 버렸어. ▶ ごめん！住所(じゅうしょ)を間違(まちが)えちゃった。

JLPT N4
⑤ 앗! 커피 엎질러 버렸어. ▶ あ！コーヒーこぼしちゃった。

단어 大好(だいす)きだ 아주 좋아하다 | ドラマ 드라마 | 秘密(ひみ) 비밀 | 住所(じゅうしょ) 주소 | 間違(まちが)える 틀리다, 잘못하다 |
こぼす 엎지르다, 흘리다

오늘 마츠리가 있거든요.

'~거든요', '~고요'라는 뜻으로 어떤 사실에 대해 설명하거나 자신의 의견을 보다 더 강조하고 싶을 때 문장 맨 뒤에 붙입니다.

문장구조 | 동사 · い형용사 보통형 / な형용사 だ な / 명사 な + んです

だ는 빼고 연결!

STEP 1 대화 속에서 만나보GO! 🎧 Track 093-1

どうしてこんなに人が多いんですか。
왜 이렇게 사람이 많은 거죠?

今日祭りがあるんです。 오늘 마츠리가 있거든요.

STEP 2 패턴으로 연습하GO! 🎧 Track 093-2

① 제 입맛에는
안 맞았거든요.
▶ 私の口には合わなかったんです。

② 분명히 합격이라고
생각했다고요.
▶ きっと合格だと思ったんです。

③ 저 나름대로는
노력하고 있거든요.
▶ 私なりには努力しているんです。

④ 이번 시합은 제가
이긴 거예요.
▶ 今回の試合は私が勝ったんです。

JLPT N4
⑤ 가끔은 혼자만의
시간이 필요한 거예요.
▶ たまには、一人の時間が必要なんです。

단어 こんなに 이렇게 | 口に合う 입에 맞다 | きっと 분명히, 꼭 | 合格 합격 | 思う 생각하다 | …なりに 나름대로, ~대로 | 努力 노력 | 勝つ 이기다 | 一人 혼자

패턴 094 쉬는지 어떤지 물어볼게요.

'~인지 아닌지', '~할지 어떨지'라는 뜻으로 확실하지 않아 망설여지거나 의문인 점을 나타낼 때 주로 씁니다. 상대방의 의향을 묻는 경우에도 쓸 수 있습니다.

| 동사・い형용사 보통형 / な형용사 ~~だ~~ な / 명사 | + | かどうか |

… だ는 빼고 연결!

🐾 STEP 1 대화 속에서 만나보GO! ⬤ Track 094-1

> あのレストラン、明日、休みじゃないですか。
> 그 레스토랑, 내일 쉬는 날 아니에요?

> 明日、休みかどうか、聞いてみます。
> 내일 쉬는 날인지 어떤지 물어볼게요.

🐾 STEP 2 패턴으로 연습하GO! ⬤ Track 094-2

① 美味しいかどうか、分かりません。
맛있는지 어떤지 모르겠어요.

② 一緒に行くかどうか、聞いてみます。
같이 갈지 어떤지 물어볼게요.

③ 大丈夫かどうか答えがないですね。
괜찮은지 어떤지 답이 없네요.

④ 気に入ってもらえるかどうか、気になりますね。
마음에 들어 해줄지 어떨지 궁금하네요.

⑤ 席があるかどうか、分かりません。
_{JLPT N4} 자리가 있는지 어떤지 모르겠어요.

단어 答(え) 답, 대답 | 気に入る 마음에 들다, 만족하다 | 気になる 궁금하다

패턴
095

아마 아직 수업 중인 것 같아요.

'~인 것 같아요', '~라고 생각해요'라는 뜻으로 자신의 생각이나 의견을 간접적으로 완곡하게 드러
낼 때 쓰는 표현입니다.

문장
구조 | 동사·い형용사·な형용사 보통형 / 명사 だ | **+** | と思^{おも}います

STEP 1 대화 속에서 만나보GO!

田中^{た なか}さんはまだですか。 다나카 씨는 아직이에요?

たぶん、まだ、授業中^{じゅぎょうちゅう}だと思^{おも}います。
아마 아직 수업 중인 것 같아요.

STEP 2 패턴으로 연습하GO!

① 독서는 좋은 습관인
것 같아요.
▶ 読書^{どくしょ}は良^いい習慣^{しゅうかん}だと思^{おも}います。

② 수지 씨는 이미
간 것 같아요.
▶ スジさんはもう帰^{かえ}ったと思^{おも}います。

③ 아마 오늘 회식에
올 거라고 생각해요.
▶ たぶん、今日^{きょう}の飲^のみ会^{かい}に来^くると思^{おも}います。

④ 상품권은 선물로
좋다고 생각해요.
▶ ギフト券^{けん}はプレゼントにいいと思^{おも}います。

JLPT N4
⑤ 아마 가방 안에
있을 것 같아요.
▶ たぶん、かばんの中^{なか}にあると思^{おも}います。

단어 | たぶん 아마 | 読書^{どくしょ} 독서 | 習慣^{しゅうかん} 습관 | ギフト券^{けん} 상품권

패턴
096

아마 자고 있겠지.

'~하겠지', '~일 거야'라는 뜻으로 어떤 상황에 대해 추측하거나 상대방에게 동의를 구하는 경우에 쓰는 반말체 표현입니다.

문장구조

동사 보통형 / い형용사 / な형용사 (だ) / 명사 + だろう

だ는 빼고 연결!

STEP 1 대화 속에서 만나보GO!   Track 096-1

ユリから連絡がないよ。 유리한테서 연락이 없어.

たぶん、寝ているだろう。
아마 자고 있겠지.

STEP 2 패턴으로 연습하GO!   Track 096-2

① 오늘 저녁은 건강식일 거야.
▶ 今夜は健康食だろう。

② 이 지갑 아마 비싸겠지.
▶ この財布、たぶん高いだろう。

③ 쟤, 분명히 대학생이겠지.
▶ あの子、きっと大学生だろう。

④ 이번 주말에는 비가 그치겠지.
▶ 今週末には雨がやむだろう。

JLPT N4
⑤ 아마 오겠지.
▶ たぶん、来るだろう。

단어 今夜 오늘 저녁 | 健康食 건강식

패턴 097 시부야역은 사람이 많았죠?

'~하겠죠?'라는 뜻으로 어떤 상황에 대해 추측하거나 정보의 확인을 위해 질문할 때 쓰는 표현입니다. 「だろう」보다는 정중한 표현이지만 윗사람에게 사용하면 실례가 될 수 있습니다.

문장구조 | 동사 보통형 / い형용사 / な형용사 (だ) / 명사 + でしょう
だ는 빼고 연결!

STEP 1 대화 속에서 만나보GO!

 渋谷駅は人が多かったでしょう。
시부야역은 사람이 많았죠?

はい。多かったです。 네. 많았어요.

STEP 2 패턴으로 연습하GO!

① 이거 귀엽죠? ▶ これ、可愛いでしょう。

② 일요일은 아마 한가하죠? ▶ 日曜日は、たぶん暇でしょう。

③ 내일 송별회에 오는 거죠? ▶ 明日の送別会に来るんでしょう。

④ 제가 한 음식이 제일 맛있죠? ▶ 私が作った料理が一番おいしいでしょう。

JLPT N4
⑤ 이 과자 맛있었죠? ▶ このお菓子、美味しかったでしょう。

단어 渋谷駅 시부야역 | 一番 제일, 1등 | お菓子 과자

옆 사람에게 발을 밟혔어.

'상대방으로부터 (동작)을 받다'라는 뜻의 수동 표현으로 주로 「に、から」와 함께 쓰입니다.
동사 가능형도 같은 형태로 쓰이니 주의해서 뜻을 구분해야 합니다.

 문장구조

| 동사 수동형 | + | れる/られる |

 STEP 1 대화 속에서 만나보GO! Track 098-1

でんしゃ　なか　となり　ひと　あし　ふ
電車の中で隣の人に足を踏まれた。
전철에서 옆 사람에게 발을 밟혔어.

しゅっきん　　　　　　　　たいへん
出勤ラッシュは大変だね。　출근 러시아워는 힘드네.

STEP 2 패턴으로 연습하GO! Track 098-2

❶ 친구에게 초대받았어요.
　　ともだち　しょうたい
▶ 友達に招待されました。

❷ 갑자기 부장님에게 부탁받았어요.
　　きゅう　ぶちょう　たの
▶ 急に部長に頼まれました。

❸ 노래 실력을 칭찬받았어요.
　　うた　じつりょく　ほ
▶ 歌の実力を褒められました。

❹ 모르는 사람이 길을 물었다.
　　し　ひと　みち　き
▶ 知らない人に道を聞かれた。

JLPT N4
❺ 신입사원 입사식이 행해집니다.
　　しんにゅうしゃいん　にゅうしゃしき　おこな
▶ 新入社員の入社式が行われます。

단어　足 발 | 踏む 밟다 | 出勤 출근 | ラッシュ 러시아워 | 招待 초대 | 頼む 부탁하다 | 実力 실력 | 褒める 칭찬하다 | 新入社員 신입사원 | 入社式 입사식 | 行う 행하다

패턴
099

친구를 기다리게 했어.

'~하게 시키다', '~하게 하다'라는 뜻의 사역형이며, 1그룹, 2그룹, 3그룹 동사 종류에 따라 각각 다른 형태로 변화하므로 동사 활용표를 참고하세요.

문장구조   동사 사역형   +   せる/させる

STEP 1 대화 속에서 만나보GO!

 Track 099-1

昨日(きのう)は大丈夫(だいじょうぶ)だった? 어제는 괜찮았어?

大変(たいへん)だったよ。部長(ぶちょう)は私(わたし)に歌(うた)を歌(うた)わせたよ。
힘들었어. 부장님이 나에게 노래를 시켰어.

STEP 2 패턴으로 연습하GO!

 Track 099-2

❶ 친구를 기다리게 했다.　　　　▶ 友達(ともだち)を待(ま)たせた。

❷ 그에게 무거운 짐을 들게 했다.　▶ 彼(かれ)に重(おも)い荷物(にもつ)を持(も)たせた。

❸ 과장님께서 회의를 준비하게 했다.　▶ 課長(かちょう)が会議(かいぎ)の準備(じゅんび)をさせた。

❹ 엄마는 딸에게 방 청소를 하게 했다.　▶ お母(かあ)さんは娘(むすめ)に部屋(へや)の掃除(そうじ)をさせた。

JLPT N4
❺ 약속에 늦어서 친구를 화나게 했다.　▶ 約束(やくそく)に遅(おく)れて友達(ともだち)を怒(おこ)らせた。

단어　娘(むすめ) 딸 | 約束(やくそく) 약속 | 課長(かちょう) 과장(님)

어쩔 수 없이 야근했어.

'어쩔 수 없이', '의도치 않게' 상황이 벌어진 경우나 어떤 감정을 느끼는 경우에 쓰이며, 상황의 흐름상 또는 상대방에 의해 '(억지로) ~하게 되다'라는 뉘앙스를 나타낼 때 사용합니다.

문장
구조 동사 사역형 + (さ)せられた

 STEP 1 대화 속에서 만나보GO! 🎧 Track 100-1

疲(つか)れていますね。どうしたんですか。
지쳐있네요. 무슨 일 있어요?

残業(ざんぎょう)させられたんです。 어쩔 수 없이 야근했어요.

 STEP 2 패턴으로 연습하GO! 🎧 Track 100-2

❶ 彼(かれ)は社長(しゃちょう)に会社(かいしゃ)を辞(や)めさせられた。

그는 사장의 강요로 회사를 그만두었다.

❷ おばあさんに野菜(やさい)を食(た)べさせられた。

할머니 때문에 마지못해 채소를 먹었다.

❸ 用事(ようじ)があったのに、飲(の)み会(かい)に参加(さんか)させられた。

일이 있었는데 억지로 회식에 참석했다.

❹ あのアニメを見(み)て、意外(いがい)と感動(かんどう)させられた。

그 애니메이션을 보고 의외로 감동받았다.

❺ 駅(えき)で友達(ともだち)を1時間(じかん)も待(ま)たせられた。

JLPT
N4 역에서 친구를 1시간이나 기다렸다.

단어 社長(しゃちょう) 사장(님) | 辞(や)める 그만두다, 사직하다 | おばあさん 할머니 | 感動(かんどう)する 감동하다

진짜 내 실력 확인하GO!

지금까지 배운 패턴을 연습 문제를 통해 복습해 보세요.

TEST 1 녹음을 듣고 말하며 빈칸 채워보기!　🎧 Track 100-3

1 用事_{ようじ}がある ＿＿＿＿＿＿＿＿＿、お先_{さき}に失礼_{しつれい}します。

2 暑_{あつ}い ＿＿＿＿＿＿＿＿＿、窓_{まど}を開_あけてもいいですか。

3 大丈夫_{だいじょうぶ} ＿＿＿＿＿＿＿＿＿ 答_{こた}えがないですね。

TEST 2 한국어 해석에 알맞은 일본어 문장 고르기!

1 어려운 단어도 읽을 수 있어.
   ① 難_{むずか}しい単語_{たんご}も読_よめれる。
   ② 難_{むずか}しい単語_{たんご}も読_よめる。

2 서툴러도 할 수 있어요.
   ① 上手_{じょうず}じゃなくてもされます。
   ② 上手_{じょうず}じゃなくてもできます。

TEST 3 빈칸에 들어갈 알맞은 패턴을 골라 연결하기!

1 交換_{こうかん} ＿＿＿＿。　　・　　・a てはいけません
   교환 가능합니다.

2 スマホを使_{つか}っ ＿＿＿＿。　・　　・b ちゃった
   스마트폰을 사용하면 안 됩니다.

3 疲れて寝_ね ＿＿＿＿。　　・　　・c できます
   피곤해서 자버렸어.

그림을 보고, 단어를 활용하여 대화 완성하기!

Ⓐ 남기면 안 돼요.　　　　　　＊ 残^{のこ}す 남기다

_____

Ⓑ 아무리 먹어도 질리지 않아요!　＊ 飽^あきる 질리다

_____

TEST 5 제시된 단어를 보고, 배운 패턴을 활용하여 문장 만들기!

1 운동은 좋은 습관인 것 같아요.

_____

HINT 良^よい 좋다 | 習慣^{しゅうかん} 습관

2 아빠는 딸에게 방 청소를 하게 했다.

_____

HINT 父^{ちち} 아빠 | 娘^{むすめ} 딸 | 部屋^{へや} 방

3 갑자기 친구에게 부탁받았어요.

_____

HINT 急^{きゅう}に 갑자기 | 頼^{たの}む 부탁하다

4 역에서 친구를 1시간이나 기다렸다.

_____

HINT 駅^{えき} 역 | 待^まつ 기다리다

(100+1) 빈칸 채우며 100패턴 복습하GO!

🌀 빈칸을 채우며 지금까지 학습한 1~100패턴을 복습해 보세요.

❶ 今日____休み_____。

오늘은 휴일이에요.

❷ 明日____木曜日_____。

내일은 목요일 아니에요?

❸ 先週____テレワーク_____。

지난주는 재택근무였어요?

❹ 誕生日____昨日_____。

생일은 어제 아니었어요?

❺ 明日____暇_____。

내일은 한가해요?

❻ この果物____新鮮_____。

이 과일은 신선하지 않아요.

❼ このケーキ____有名_____。

이 케이크는 유명했어요.

❽ 試験____簡単_____。

시험은 간단하지 않았어요.

❾ 大阪は賑やか____町_____。

오사카는 번화한 동네예요.

❿ かばん____軽い_____。

가방은 가벼워요.

⑪ ジュース___美味し_____。

주스는 맛이 없어요.

⑫ ドラマ___面白_____。

드라마는 재미있었어요.

⑬ パソコン___重_____。

노트북은 무겁지 않았어요.

⑭ これは甘_____パン_____。

이건 달지 않은 빵이에요.

⑮ 朝ご飯___サラダ____、昼ご飯___パン_____。

아침은 샐러드고, 점심은 빵이에요.

⑯ 電車は安全____、速い_____。

전철은 안전하고 빨라요.

⑰ このコーヒーは安_____、美味しい_____。

이 커피는 저렴하고 맛있어요.

⑱ 2階___、本屋_____。

2층에 서점이 있어요.

⑲ 私___駅の北口_____。

저는 역 북쪽 출구에 있어요.

⑳ 窓___開け_____。

창문을 열어요.

㉑ ホラー映画＿＿見＿＿＿＿＿＿＿。

えい が　み

공포 영화는 안 봐요.

㉒ 寒くて、帽子＿＿＿かぶり＿＿＿＿＿＿＿。

さむ　ぼう し

추워서 모자를 썼어요.

㉓ 雪＿＿＿あまり降り＿＿＿＿＿＿＿＿＿＿＿。

ゆき　ふ

눈이 그다지 오지 않았어요.

㉔ ちょっと窓を開け＿＿＿＿＿＿＿＿＿。

まど　あ

잠시 창문을 엽시다.

㉕ 一緒に運動し＿＿＿＿＿＿＿＿。

いっ しょ　うん どう

같이 운동하지 않을래요?

㉖ 日本で働き＿＿＿＿＿＿＿。

に ほん　はたら

일본에서 일하고 싶어요.

㉗ このボールペンは書き＿＿＿＿＿＿＿＿＿。

か

이 볼펜은 쓰기 편해요.

㉘ この靴は履き＿＿＿＿＿＿＿＿。

くつ　は

이 구두는 신기 어려워요.

㉙ 友達と電話し＿＿＿＿＿＿レポートを書きました。

とも だち　でん わ　か

친구와 통화하면서 리포트를 썼어요.

㉚ ゲームをし＿＿＿＿＿＿＿＿＿。

게임을 너무 많이 했어요.

㉛ 一緒に遊び_____。

같이 놀러 가지 않을래요?

㉜ 風邪をひき_____。

감기 걸릴 것 같아요.

㉝ 電車が動か_____。

전철이 움직이지 않아요.

㉞ シャワーを浴び_____。

샤워를 하지 않았어요.

㉟ 餌をあげ_____。

먹이를 주지 마세요.

㊱ 明日は仕事に行か_____。

내일은 일하러 가지 않아도 돼요.

㊲ 必ず名前を書か_____。

반드시 이름을 써야 해요.

㊳ 風邪をひい____、ずっと寝ました。

감기에 걸려서 계속 잤어요.

㊴ 電気がつい_____。

불이 켜져 있어요.

㊵ ここでは靴を脱い_____。

여기에서는 신발을 벗어주세요.

㊶ ゲームし_____。

게임해도 되나요?

㊷ 資料を調べ_____。
   し りょう   しら

자료를 조사해 보겠습니다.

㊸ カレンダーに、予定が書い_____。
              よ てい   か

달력에 일정이 적혀 있어요.

㊹ やっと雨がやん____。
         あめ

겨우 비가 그쳤어.

㊺ テニスをし_____、カラオケに行っ_____。
                          い

테니스를 하거나 노래방에 가거나 해요.

㊻ 旅行に_____、いろいろな経験をした。
   りょ こう   けい けん

여행 갔을 때, 여러 경험을 했다.

㊼ もっと時間が_____。
         じ かん

좀 더 시간이 필요했어요.

㊽ ジャージ_____、いつも着ています。
                          き

트레이닝복을 좋아해서 항상 입고 있어요.

㊾ 山田さんはギターが凄く_____。
   やま だ   すご

야마다 씨는 기타를 정말 잘 쳐요.

㊿ 辛いもの_____。
   から

매운 건 잘 못 먹어요.

(51) 私(わたし)は歌(うた)は ______________。

저는 노래는 잘 못해요.

(52) 彼(かれ)の誕生日(たんじょうび)プレゼントを買(か)っ ______________。

그의 생일 선물을 사 둘게요.

(53) 本(ほん)を読(よ)ん ________、レポートを書(か)いてください。

책을 읽고 나서 리포트를 쓰세요.

(54) レポートを全部(ぜんぶ)書(か)い ______________。

리포트를 전부 써 버렸어요.

(55) パジャマを着(き) ________、出(で)かけてしまいました。

파자마를 입은 채로 나와 버렸어요.

(56) コンビニ ____ スーパー ______ 近(ちか)いです。

편의점은 슈퍼마켓보다 가까워요.

(57) ボールペン ____ 鉛筆(えんぴつ)、__________ 書(か)きやすいですか。

볼펜과 연필, 어떤 게 쓰기 편해요?

(58) 英語(えいご) ______ 日本語(にほんご) ________ 易(やさ)しいです。

영어보다 일본어가 쉬워요.

(59) 家族(かぞく) ________ 妹(いもうと) ________ 背(せ)が高(たか)いです。

가족 중에서 여동생이 가장 키가 커요.

(60) 来月(らいげつ)、帰国(きこく)する ______________。

다음 달에 귀국하게 되었어요.

(61) 来月(らいげつ)、引(ひ)っ越(こ)す＿＿＿＿＿＿＿＿＿＿。

다음 달에 이사하기로 했어요.

(62) 一度(いちど)、会(あ)っ＿＿＿＿＿＿＿＿＿＿。

한 번 만난 적이 있어요.

(63) ここの深(ふか)＿＿は2メートルです。

이곳의 깊이는 2미터예요.

(64) 日本語(にほんご)が上手(じょうず)＿＿＿＿＿＿＿＿＿＿。

일본어를 잘하게 되었어요.

(65) 急(きゅう)に寒(さむ)＿＿＿＿＿＿＿＿＿＿。

갑자기 추워졌어요.

(66) だんだん暖(あたた)かくなっ＿＿＿＿＿＿＿＿＿＿。

점점 따뜻해졌어요.

(67) お客(きゃく)さんが増(ふ)え＿＿＿＿＿＿＿＿＿＿。

손님이 늘어갔습니다.

(68) 田中(たなか)さんが荷物(にもつ)を持(も)っ＿＿＿＿＿＿＿＿＿＿。

다나카 씨가 짐을 들어주었어요.

(69) 友達(ともだち)に親子丼(おやこどん)を作(つく)っ＿＿＿＿＿＿＿＿＿＿。

(제가) 친구에게 오야코동을 만들어줬어요.

(70) 友達(ともだち)に写真(しゃしん)を送(おく)っ＿＿＿＿＿＿＿＿＿＿。

친구가 사진을 보내줬어요.

71 部長がお土産を買っ_____。
ぶ ちょう　　　　　み やげ　　か

부장님이 기념품을 사 주셨어요.

72 スタッフの方に荷物を運ん_____。
　　　　　　　　かた　　に もつ　　はこ

직원분이 짐을 옮겨 주셨어요.

73 早く暖かくなっ_____。
はや　あたた

얼른 따뜻해지기를 바랍니다.

74 大きいテレビ_____。
おお

큰 TV로 할까요?

75 病院までの行き____、分かりますか。
びょういん　　　　　い　　　　　　　わ

병원까지 가는 법 알아요?

76 時計が急に動き_____。
と けい　きゅう　うご

시계가 갑자기 움직이기 시작했어요.

77 掃除_____、洗濯_____家事を毎日している。
そう じ　　　　　　せん たく　　　　　か じ　まい にち

청소라든가 빨래라든가 집안일을 매일 한다.

78 丈夫だ____、きれいだ____、人気商品です。
じょう ぶ　　　　　　　　　　　　　にん き しょうひん

튼튼하고 예뻐서 인기 상품입니다.

79 旅行に必要_____は、まずは体力です。
りょ こう　ひつ よう　　　　　　　　　たいりょく

여행에 필요한 것은, 우선 체력이에요.

80 復習した_____、試験が難しかったです。
ふく しゅう　　　　　　　　　し けん　むずか

복습했지만, 시험이 어려웠어요.

(81) 彼女(かのじょ)は歌手(かしゅ)な＿＿＿＿＿、歌(うた)が下手(へた)です。

그녀는 가수인데도, 노래를 못해요.

(82) 暑(あつ)い＿＿＿＿＿、窓(まど)を開(あ)けました。

더워서 창문을 열었어요.

(83) 汚(きたな)い＿＿＿＿＿、あそこへ行(い)きましょう。

더러우니까 저쪽에 갑시다.

(84) 日本語(にほんご)が上手(じょうず)じゃなく＿＿＿＿＿できます。

일본어가 서툴러도 할 수 있어요.

(85) ＿＿＿＿＿探(さが)し＿＿＿＿＿、見(み)つからない。

아무리 찾아도 찾을 수 없어.

(86) ＿＿＿＿＿反対(はんたい)し＿＿＿＿＿、留学(りゅうがく)に行(い)きたいです。

설령 반대해도 유학 가고 싶어요.

(87) 難(むずか)しい漢字(かんじ)も＿＿＿＿＿。

어려운 한자도 읽을 수 있어.

(88) お名前(なまえ)を書(か)い＿＿＿＿＿。

이름을 써 줄 수 있나요?

(89) 今日(きょう)は先(さき)に帰(かえ)り＿＿＿＿＿…。

오늘은 먼저 집에 가려고 하는데요.

(90) 図書館(としょかん)で大(おお)きい声(こえ)で話(はな)し＿＿＿＿＿。

도서관에서 큰 소리로 말하면 안 됩니다.

91 試験<ruby>し</ruby>が終<ruby>お</ruby>わるまで出<ruby>で</ruby>＿＿＿＿＿＿＿＿＿＿＿。

시험이 끝날 때까지 나가면 안 돼요.

92 あ！コーヒーこぼし＿＿＿＿＿＿＿。

앗! 커피 엎질러 버렸어.

93 たまには、一人<ruby>ひとり</ruby>の時間<ruby>じかん</ruby>が必要<ruby>ひつよう</ruby>な＿＿＿＿＿＿。

가끔은 혼자만의 시간이 필요한 거예요.

94 席<ruby>せき</ruby>がある＿＿＿＿＿＿＿、分<ruby>わ</ruby>かりません。

자리가 있는지 어떤지 모르겠어요.

95 たぶん、かばんの中<ruby>なか</ruby>にある＿＿＿＿＿＿＿＿。

아마 가방 안에 있을 것 같아요.

96 たぶん、来<ruby>く</ruby>る＿＿＿＿＿。

아마 오겠지.

97 このお菓子<ruby>かし</ruby>、美味<ruby>おい</ruby>しかった＿＿＿＿＿＿＿。

이 과자 맛있었죠?

98 新入社員<ruby>しんにゅうしゃいん</ruby>の入社式<ruby>にゅうしゃしき</ruby>が行<ruby>おこな</ruby>わ＿＿＿＿＿＿。

신입사원 입사식이 행해집니다.

99 約束<ruby>やくそく</ruby>に遅<ruby>おく</ruby>れて友達<ruby>ともだち</ruby>を怒<ruby>おこ</ruby>ら＿＿＿＿＿。

약속에 늦어서 친구를 화나게 했다.

100 駅<ruby>えき</ruby>で友達<ruby>ともだち</ruby>を1時間<ruby>じかん</ruby>も待<ruby>ま</ruby>た＿＿＿＿＿＿＿。

역에서 친구를 1시간이나 기다렸다.

CHAPTER 3

자연스러운 대화의

핵심 패턴 101-146

이번 챕터에서는 '바쁜 것 같아요', '일주일마다 운동해요', '집에서 학교까지 걸어가요', '작년에 비해 더워요'와 같이 추측, 기간, 범위, 비교 표현 등을 학습합니다. 챕터 1, 2에서 간단한 기초 표현부터 기본적인 필수 실력을 갖추었다면, 이번 챕터에서는 대화 상황에서 더욱 구체적인 표현을 가능하게 해주는 패턴 위주로 학습합니다.

학습 순서

본문 + MP3

▶

연습 문제

▶

총정리
쓰기 노트

▶

단어 테스트

▶

말하기
트레이닝

파워 긍정 시바군과 걱정쟁이 집냥이의 아슬아슬 여름 휴가!

위 이야기 속 표현을 일본어로 말할 수 있나요?
지금 당장은 어렵더라도 이번 챕터를 모두 학습한 후에는
모두 일본어로 말할 수 있을 거예요!

패턴
101

따뜻할 때 먹어.

'~하는 동안', '~중에'라는 뜻으로 종료 시점이 명확하지 않은 시간대를 나타낼 때 쓰입니다. ない형을 사용하면 '~하지 않는 동안에'와 같은 문장을 만들 수 있습니다.

문장구조 동사·い형용사 사전형 / な형용사 (だ)な / 명사 の + うちに
⌐······ だ는 빼고 연결!

이미지 2는 Track 아이콘

STEP 1 대화 속에서 만나보GO! Track 101-1

<ruby>雨<rt>あめ</rt></ruby>が<ruby>降<rt>ふ</rt></ruby>りそうですね！ 비가 올 것 같아요!

<ruby>雨<rt>あめ</rt></ruby>が<ruby>降<rt>ふ</rt></ruby>らないうちに、<ruby>早<rt>はや</rt></ruby>く<ruby>帰<rt>かえ</rt></ruby>りましょう。
비가 오기 전에 빨리 돌아갑시다.

STEP 2 패턴으로 연습하GO! Track 101-2

① 따뜻할 때
드세요.
▶ <ruby>温<rt>あたた</rt></ruby>かいうちに、<ruby>食<rt>た</rt></ruby>べてください。

② 건강할 때
여행을 합시다.
▶ <ruby>元気<rt>げんき</rt></ruby>なうちに、<ruby>旅行<rt>りょこう</rt></ruby>をしましょう。

③ 세일할 때
바로 사러 가요.
▶ セールのうちに、すぐに<ruby>買<rt>か</rt></ruby>いに<ruby>行<rt>い</rt></ruby>きます。

④ 날 좋을 때
드라이브 가요.
▶ <ruby>天気<rt>てんき</rt></ruby>の<ruby>良<rt>い</rt></ruby>いうちに、ドライブに<ruby>行<rt>い</rt></ruby>きましょう。

JLPT N3
⑤ 학생 때 인턴십을
하고 싶어요.
▶ <ruby>学生<rt>がくせい</rt></ruby>のうちに、インターンシップをしたいです。

단어 <ruby>元気<rt>げんき</rt></ruby>だ 건강하다 | <ruby>良<rt>よ</rt></ruby>い 좋다, 훌륭하다 | セール 세일 | ドライブ 드라이브 | インターンシップ 인턴십

144 GO! 독학 일본어 패턴 202

패턴 102 방학 내내 아르바이트 했어.

'~내내', '~동안'이라는 뜻으로 「A間B」는 A기간 동안 B가 지속되는 경우를 나타내며, 「A間にB」
는 일정한 시간 사이에 행동하거나 상태가 변화할 때를 나타냅니다.

> **문장구조** 동사・い형용사 보통형 / な형용사 ~~だ~~ な / 명사 の ＋ 間 / 間に
>
> だ는 빼고 연결!

STEP 1 대화 속에서 만나보GO! Track 102-1

> 夏休みの時、何をしましたか。　여름 방학 때 뭐 했어요?

> 夏休みの間、ずっとバイトをしていました。
> 여름 방학 동안, 줄곧 아르바이트를 했어요.

STEP 2 패턴으로 연습하GO! Track 102-2

❶ 発表している間、ずっと緊張しました。
발표하는 동안 계속 긴장했어요.

❷ 映画を見ている間、ずっと寝ていました。
영화를 보는 동안 계속 잤어요.

❸ 運動している間、音楽を聴いていました。
운동하는 동안 음악을 들었어요.

❹ 日本にいる間に、富士山に行ってみたいです。
일본에 있을 때 후지산에 가고 싶어요.

❺ 冬休みの間に、運転免許を取りました。

<small>JLPT N3</small> 겨울 방학에 운전 면허를 땄어요.

단어 夏休み 여름 방학 | 発表する 발표하다 | 緊張 긴장하다 | 冬休み 겨울 방학 | 運転免許 운전 면허 | 取る 취득하다

패턴 103

덕분에 합격이야.

'~덕분에'라는 뜻으로 감사 인사를 하거나 주로 좋은 결과가 생긴 이유에 대해 설명할 때 사용합니다. 참고로 나쁜 결과에 대해 상대방을 비꼬며 말할 때도 쓸 수 있습니다.

문장구조 | 동사・い형용사 보통형 / な형용사 (だ) な / 명사 の | + | おかげで

..だ는 빼고 연결!

STEP 1 대화 속에서 만나보GO! 🎧 Track 103-1

いっしょうけんめい べんきょう
一生懸命勉強したおかげで、合格しました。
ごう かく

열심히 공부한 덕분에 합격했어요.

おめでとうございます！ 축하해요!

STEP 2 패턴으로 연습하GO! 🎧 Track 103-2

① せん せい
先生のおかげで、合格しました。
ごう かく

선생님 덕분에 합격했어요.

② か れし
彼氏のおかげで、無事に到着しました。
ぶ じ とうちゃく

남자 친구 덕분에 무사히 도착했어요.

③ かのじょ
彼女のおかげで、僕は毎日幸せです。
ぼく まい にちしあわ

그녀 덕분에 나는 매일 행복해요.

④ に ほん ご じょうず
日本語が上手なおかげで、就職しました。
しゅうしょく

일본어가 능숙한 덕분에 취직했어요.

⑤ みな おう えん
皆さんの応援のおかげで、優勝できました。
ゆうしょう

JLPT N3

여러분들의 응원 덕분에 우승할 수 있었어요.

단어 一生懸命(いっしょうけんめい) 열심히, 매우 열심히 함 | 僕(ぼく) 나(남성이 자신을 지칭) | 幸(しあわ)せだ 행복하다 | 就職(しゅうしょく) 취직 | 皆(みな)さん 여러분 |
応援(おうえん) 응원 | 優勝(ゆうしょう) 우승

패턴 104

태풍 때문에 결항이야.

'~탓에', '~때문에'라는 뜻으로 좋지 않은 결과의 원인에 대해서 탓하며 말할 때 사용합니다. 「おかげで」와 달리 좋은 결과에서는 쓸 수 없습니다.

문장구조	동사 · い형용사 보통형 / な형용사 (だ)な / 명사 の	+	せいで

··· だ는 빼고 연결!

🐾 STEP 1 대화 속에서 만나보GO!

🎧 Track 104-1

昨日、徹夜したせいで、体調が悪いです。
어제 밤을 새운 탓에 컨디션이 안 좋아요.

無理しないでください。 무리하지 마세요.

🐾 STEP 2 패턴으로 연습하GO!

🎧 Track 104-2

① 運動不足のせいで、3キロ太りました。

운동 부족으로 살이 3킬로그램 쪘어요.

---

② 体調が悪かったせいで、休みました。

몸이 안 좋았던 탓에 쉬었어요.

---

③ 頻繁な飲み会のせいで、疲れが溜まりました。

잦은 회식 탓에 피로가 쌓였어요.

---

④ 台風のせいで、飛行機が欠航になりました。

태풍 때문에 비행기가 결항됐어요.

---

⑤ 頭痛のせいで、集中できなかったです。

JLPT N3

두통 때문에 집중할 수 없었어요.

단어 徹夜 밤샘, 철야 | 運動不足 운동 부족 | 太る 살찌다 | 頻繁 잦음, 빈번 | 溜まる 쌓이다, 머물다 | 飛行機 비행기 |
欠航 결항 | 頭痛 두통 | 集中 집중

패턴
105

집도 가까우면서 맨날 지각이야.

'~면서', '~주제에'라는 뜻으로 주로 상대방을 비판, 비난할 때 사용하는 표현입니다. 특정인에 대한 불만 사항을 이야기할 때 자주 사용합니다.

문장
구조

동사·い형용사 보통형 / な형용사 (だ) な / 명사 の + くせに

···· だ는 빼고 연결!

🐾 STEP 1 대화 속에서 만나보GO!

Track 105-1

妹は、学生のくせに、学校をサボっている。
여동생은 학생이면서 학교를 땡땡이쳐.

それは心配だね。 그건 걱정이네.

🐾 STEP 2 패턴으로 연습하GO!

Track 105-2

① 리더면서
아무것도 못해요.
▶ リーダーのくせに、何もできません。

② 연락했으면서
답이 없어.
▶ 連絡してきたくせに、返事がないよ。

③ 그는 집도 가까우면서
항상 지각한다.
▶ 彼は家も近いくせに、いつも遅刻する。

④ 아빠는 잤으면서
안 잔다고 해요.
▶ パパは寝たくせに、寝てないと言います。

JLPT N3
⑤ 걔는 노래를 못하면서
노래를 불러요.
▶ 彼は歌が下手なくせに、歌を歌います。

단어 サボる 땡땡이치다, 게으름 피우다 | リーダー 리더 | 返事 답장, 대답 | パパ 아빠

패턴 106 사고 때문에 지각했어.

'~해서'라는 뜻으로 어떠한 상황이나 사태에 대한 이유, 원인 등을 설명할 때 사용합니다.「ため に」에서「に」는 생략 가능합니다.

문장구조

동사·い형용사 보통형 / な형용사 ~~だ~~ な / 명사 の + ため(に)

└─ だ는 빼고 연결!

STEP 1 대화 속에서 만나보GO! Track 106-1

> 面接^{めんせつ}はどうでしたか。　면접은 어땠어요?

> 緊張^{きんちょう}したため、失敗^{しっぱい}してしまいました。
> 긴장해서 망쳤어요.

STEP 2 패턴으로 연습하GO!   Track 106-2

① 배탈이 나서 결석했어요.
▶ お腹^{なか}を壊^{こわ}したために、欠席^{けっせき}しました。

② 폭우가 내려서 정전됐어요.
▶ 大雨^{おおあめ}が降^ふったため、停電^{ていでん}になりました。

③ 사고 때문에 지각해 버렸어요.
▶ 事故^{じこ}のために、遅刻^{ちこく}してしまいました。

④ 오래 집을 비워서 음식이 상했어요.
▶ 長^{なが}く家^{いえ}を空^あけたため、食^たべ物^{もの}が腐^{くさ}りました。

JLPT N3
⑤ 점수가 나빠서 합격하지 못했다.
▶ 点数^{てんすう}が悪^{わる}かったため、合格^{ごうかく}できなかった。

단어 面接^{めんせつ} 면접 | 失敗^{しっぱい}する 망하다, 실패하다 | お腹^{なか}を壊^{こわ}す 배탈이 나다 | 欠席^{けっせき} 결석 | 停電^{ていでん} 정전 | 腐^{くさ}る 상하다, 썩다 |
点数^{てんすう} 점수

패턴 107 영화 시작하기 전에 화장실 다녀와.

'~전에', '~하기 전에'라는 뜻으로 어떠한 행동을 하기 전이나 어떠한 상황이 시작되기 전을 나타 낼 때 쓰는 표현입니다.

문장구조 동사 사전형 / 명사 の + 前に

⚫ STEP 1 대화 속에서 만나보GO!

あ！もうこんな時間！　앗! 벌써 시간이!

映画が始まる前にトイレに行ってください。

영화가 시작되기 전에 화장실에 다녀오세요.

⚫ STEP 2 패턴으로 연습하GO!

① 수업 전에 반드시 예습을 해요.
▶ 授業の前に、必ず予習をします。

② 귀국하기 전에 기념품을 사고 싶어.
▶ 帰国する前に、お土産を買いたい。

③ 녹음하기 전에 물을 좀 마셔요.
▶ 録音する前に、水を少し飲みます。

④ 더 아파지기 전에 병원에 가요.
▶ もっと痛くなる前に、病院に行きます。

JLPT N3
⑤ 이 약은 식사 전에 복용하세요.
▶ この薬は食事の前に、飲んでください。

단어 始まる 시작되다 | 予習 예습 | 録音する 녹음하다 | 水 물 | 食事 식사

패턴 108 회의를 앞두고 갑자기 불려갔어요.

'~을 앞두고 ~하다'라는 뜻으로 특정한 상황이나 행사 등을 앞두고 발생한 상황에 대해 나타낼 때 쓸 수 있는 표현입니다. 「して」는 생략 가능합니다.

문장구조 동사 사전형 / 명사 の + を前に(して)

STEP 1 대화 속에서 만나보GO! Track 108-1

忙しそうですね。 바빠 보이네요.

会議を前にして、資料を準備しています。
회의를 앞두고 자료를 준비하고 있어요.

STEP 2 패턴으로 연습하GO! Track 108-2

① 계약을 앞두고
재검토했어요.
▶ 契約を前に、再検討しました。

② 졸업을 앞두고
자격을 취득했어요.
▶ 卒業を前に、資格を取りました。

③ 회의를 앞두고
부장님이 부르셨어요.
▶ 会議を前にして、部長が呼びました。

④ 공연을 앞두고 최종
리허설을 했어요.
▶ 公演を前に、最終リハーサルをしました。

JLPT N3
⑤ 면접을 앞두고
매우 긴장했어요.
▶ 面接を前にして、すごく緊張しました。

단어 契約 계약 | 再検討 재검토 | 卒業 졸업 | 資格 자격 | 呼ぶ 부르다 | 最終 최종 | リハーサル 리허설 |
すごく 매우, 굉장히, 몹시

젊은 여성을 중심으로 인기예요.

'~을 중심으로'라는 뜻으로 예를 들어 '20대를 중심으로 인기를 끌다'처럼 해당 명사를 가장 주된 것으로 삼고 어떤 상황이 이루어질 때 쓰는 표현입니다.

문장구조 명사 + を中心(ちゅうしん)に

STEP 1 대화 속에서 만나보GO!　　　　　🎧 Track 109-1

これからは、野菜(やさい)を中心(ちゅうしん)に食(た)べた方(ほう)がいいです。
이제부터는 채소를 중심으로 먹는 게 좋아요.

はい。分(わ)かりました。　네. 알겠습니다.

STEP 2 패턴으로 연습하GO!　　　　　🎧 Track 109-2

1 언어 실력을 중심으로 평가해요.
▶ 言語(げんご)の実力(じつりょく)を中心(ちゅうしん)に評価(ひょうか)します。

2 맛집을 중심으로 여행했어요.
▶ グルメを中心(ちゅうしん)に旅行(りょこう)しました。

3 생활잡화를 중심으로 판매하고 있어요.
▶ 生活雑貨(せいかつざっか)を中心(ちゅうしん)に売(う)っています。

4 젊은 여성을 중심으로 인기를 모았어요.
▶ 若(わか)い女性(じょせい)を中心(ちゅうしん)に人気(にんき)を集(あつ)めました。

JLPT N3
5 30대를 중심으로 설문 조사했어요.
▶ 30代(だい)を中心(ちゅうしん)にアンケートをしました。

단어 これから 이제부터 | 言語(げんご) 언어 | 評価(ひょうか) 평가 | グルメ 맛집, 미식가 | 生活雑貨(せいかつざっか) 생활잡화 | 若(わか)い 젊다, 어리다 | 女性(じょせい) 여성 | 集(あつ)める 모으다 | …代(だい) ~대, 시대 | アンケート 설문 조사, 질문

패턴 110

이번 주부터 다음 주에 걸쳐서 추워져요.

'(명사1)부터 (명사2)에 걸쳐'라는 뜻으로 시간이나 장소를 나타내는 명사와 함께 쓰여 일정한 횟수나 시간, 공간 등을 포함하는 전체 기간 및 범위를 나타내는 표현입니다.

문장구조 | 명사1 | + | から | + | 명사2 | + | にかけて |

🐾 **STEP 1** 대화 속에서 만나보GO!　　　　　🎧 Track 110-1

今日から来週にかけてクリスマスケーキを販売します。
오늘부터 다음 주에 걸쳐 크리스마스 케이크를 판매합니다.

予約できますか。　예약되나요?

🐾 **STEP 2** 패턴으로 연습하GO!　　　　　🎧 Track 110-2

❶ 6월부터 7월에
걸쳐 장마입니다.
▶ 6月から7月にかけて、梅雨です。

❷ 목에서 어깨에
걸쳐 통증이 있어요.
▶ 首から肩にかけて、痛みがあります。

❸ 아침 8시부터 9시에
걸쳐 혼잡해요.
▶ 朝8時から9時にかけて、混雑します。

❹ 20대부터 30대에
걸쳐 유행이에요.
▶ 20代から30代にかけて、流行っています。

[JLPT N3]
❺ 오사카에서 교토에
걸쳐 비가 내렸어요.
▶ 大阪から京都にかけて、雨が降りました。

단어 クリスマス 크리스마스｜販売 판매｜梅雨 장마(철)｜首 목｜肩 어깨｜痛み 통증, 아픔｜混雑 혼잡｜流行 유행

책 읽은 후에 저에게도 빌려주세요.

'~한 후에'라는 뜻으로 동사 た형 뒤에 쓰여 '영업이 끝난 후', '졸업한 후'와 같이 어떤 행동이나 상황이 끝난 후를 나타내는 표현입니다.

문장구조 동사 た형 + た後^{あと}で

😺 STEP 1 대화 속에서 만나보GO! 🎧 Track 111-1

本^{ほん}を読^よんだ後^{あと}で、私^{わたし}にも貸^かしてください。
책을 읽은 후에, 저에게도 빌려주세요.

ええ、いいですよ。 네, 좋아요.

😺 STEP 2 패턴으로 연습하GO! 🎧 Track 111-2

① 마감한 후에
하루 쉬어요.
▶ 締^しめ切^きりした後^{あと}で、一日^{いちにち}休^{やす}みます。

② 책장을 정리한 후에
청소했어요.
▶ 本棚^{ほんだな}を整理^{せいり}した後^{あと}で、掃除^{そうじ}しました。

③ 졸업한 후에
미국으로 유학 갔다.
▶ 卒業^{そつぎょう}した後^{あと}で、アメリカに留学^{りゅうがく}した。

④ 밥을 먹은 뒤에
디저트를 먹어요.
▶ ご飯^{はん}を食^たべた後^{あと}で、デザートを食^たべます。

JLPT N3
⑤ 지진이 난 후
정전이 됐다.
▶ 地震^{じしん}が起^おこった後^{あと}で、停電^{ていでん}になった。

단어 締^しめ切^きる 마감하다 | 一日^{いちにち} 하루 | 本棚^{ほんだな} 책장 | 整理^{せいり} 정리 | アメリカ 미국 | 地震^{じしん} 지진

3일에 걸쳐 진행됩니다.

패턴 112

'~에 걸쳐서'라는 뜻으로 명사 뒤에 쓰여 시간이나 장소의 범위를 나타냅니다. 앞서 학습한 「にかけて」보다 (기간) 길거나 (범위) 넓으며, 「…から」를 함께 쓰지 않는다는 차이점이 있습니다.

문장구조   명사 + にわたって

🐾 STEP 1 대화 속에서 만나보GO!

 Track 112-1

2週間にわたって雨が降っていますね。
2주간에 걸쳐서 비가 내리고 있네요.

もう止んでほしいですね。   이제 그쳤으면 좋겠어요.

🐾 STEP 2 패턴으로 연습하GO!

 Track 112-2

① 여러 차례에 걸쳐서
주의를 받았습니다.
▶ 数回にわたって注意されました。

② 전국에 걸쳐
피해를 냈습니다.
▶ 全国にわたって被害を出しました。

③ 각 단계에 걸쳐서
스트레칭해요.
▶ 各段階にわたってストレッチします。

④ 전 부서에 걸쳐서
영향을 미쳤습니다.
▶ 全部署にわたって影響を及ぼしました。

JLPT N3
⑤ 이벤트는 3일간에
걸쳐 진행되었습니다.
▶ イベントは三日間にわたって行われます。

단어 数回 여러 차례, 수차례 | 注意 주의 | 全国 전국 | 被害 피해 | 各 각 | 段階 단계, 순서 | ストレッチ 스트레칭 |
部署 부서 | 影響を及ぼす 영향을 미치다

패턴 113 · 20분 정도 걸려요.

'~정도', '~만큼'이라는 뜻으로 기간이나 양을 나타내는 단어 뒤에 쓰거나 비교나 묘사를 통한 정도를 나타낼 때 쓰는 표현입니다.

문장구조 | 동사·い형용사 보통형 / な형용사 だ な / 명사 + くらい

だ는 빼고 연결!

STEP 1 대화 속에서 만나보GO!

Track 113-1

たくはいびん
宅配便はいつ届きますか。 택배는 언제 도착하나요.
とど

みっか
三日ぐらいかかります。 3일 정도 걸려요.

STEP 2 패턴으로 연습하GO!

Track 113-2

① 매일 먹을 정도로
좋아해요.
▶ まいにち た
毎日食べるくらい好きです。
す

② 눈물이 나올 정도로
재미있었다.
▶ なみだ で おも しろ
涙が出るくらい面白かった。

③ 오늘만큼 바쁜 날은
없었어요.
▶ きょう いそが ひ
今日くらい忙しい日はなかった。

④ 7시간 정도는
자야 돼요.
▶ じ かん ね
7時間くらいは寝なければなりません。

JLPT N3
⑤ 누구라도 알고 있을
정도로 유명해요.
▶ だれ し ゆう めい
誰でも知っているくらい有名です。

단어 たくはいびん 宅配便 택배 | 届く (도)달하다, 미치다 | 涙 눈물 | 出る 나오다 | 誰 누구

집에서 학교까지 걸어 가요.

패턴 114

'(명사1)부터 (명사2)까지'라는 뜻으로 시간이나 장소 등을 나타내는 여러 가지 명사와 함께 쓰여 그 사이의 범위를 나타내는 표현입니다.

문장구조 명사1 ＋ から ＋ 명사2 ＋ まで

STEP 1 대화 속에서 만나보GO!　　　　　　Track 114-1

さいきん、いえ 家から学校まで歩いて行きます。
最近、家から学校まで歩いて行きます。
요즘 집에서 학교까지 걸어서 가요.

すごいですね。　굉장하네요.

STEP 2 패턴으로 연습하GO!　　　　　　Track 114-2

① 화요일부터 금요일까지 휴가예요.
▶ 火曜日から金曜日まで休みです。

② 6시부터 7시까지 공부를 해요.
▶ 6時から7時まで勉強をします。

③ 모자부터 신발까지 새로 샀어요.
▶ 帽子から靴まで新しく買いました。

④ 1층부터 2층까지 가전제품 코너입니다.
▶ 1階から2階まで家電製品のコーナーです。

JLPT N3
⑤ 집에서 역까지 멀어요?
▶ 家から駅まで遠いですか。

단어　火曜日 화요일 ǀ 家電製品 가전제품 ǀ コーナー 코너

Chapter 3 핵심 패턴　**157**

패턴
115

금요일까지 제출하세요.

'~까지'라는 뜻으로 「Aまでに」 형태로 쓰여 특정 기간, 시간, 날짜 등을 넘기지 않는 어느 한 시점까지를 나타내는 표현입니다. 주로 기한을 나타낼 때 쓰입니다.

문장구조 | 동사 사전형 / 명사(시간, 날짜) + までに

STEP 1 대화 속에서 만나보GO!

 Track 115-1

もうすぐ卒業ですね。 곧 졸업이네요.

そうですね。卒業するまでに就職したいです。
그러네요. 졸업하기 전까지 취직하고 싶어요.

STEP 2 패턴으로 연습하GO!

 Track 115-2

① 다음 주까지
반납해 주세요.
▶ 来週までに返却してください。

② 일몰 전에
돌아갑시다.
▶ 暗くなるまでに帰りましょう。

③ 30세 되기 전까지
결혼하고 싶어요.
▶ 30歳になるまでに結婚したいです。

④ 이번 주말까지
서류를 보내주세요.
▶ 今週末までに書類を送ってください。

JLPT N3
⑤ 선생님이 오실 때까지
청소해 두자.
▶ 先生が来るまでに掃除しておこう。

단어 返却 반납 | 暗くい 어둡다, 캄캄하다 | 書類 서류

116 상상만 해도 행복해요.

'~하기만 해도'라는 뜻으로 동사 뒤에 쓰여 그 행동을 하는 자체만으로 어떠하다는 것을 강조하는 표현입니다. 「だけで」 뒤에는 긍정적인 표현과 부정적인 표현 모두 쓸 수 있습니다.

 문장구조 | 동사 보통형 | + | だけで |

STEP 1 대화 속에서 만나보GO!

STEP 1 대화 속에서 만나보GO!
 Track 116-1

来週<small>らいしゅう</small>から夏休<small>なつやす</small>みですね！ 다음 주부터 여름 방학이네요!

想像<small>そうぞう</small>するだけで幸<small>しあわ</small>せです。 상상만 해도 행복해요.

STEP 2 패턴으로 연습하GO!
 Track 116-2

① 그 얘기는 듣기만 해도 무서워요.
▶ その話<small>はなし</small>は聞<small>き</small>くだけで怖<small>こわ</small>いです。

② 자료를 읽는 것만으로 피곤해요.
▶ 資料<small>しりょう</small>を読<small>よ</small>むだけで疲<small>つか</small>れます。

③ 걷는 것만으로도 기분이 좋아져요.
▶ 歩<small>ある</small>くだけでも気分<small>きぶん</small>がよくなります。

④ 공유하는 것만으로 포인트가 쌓여요.
▶ 共有<small>きょうゆう</small>するだけでポイントがたまります。

JLPT N3
⑤ 소풍은 생각만 해도 두근두근해요.
▶ 遠足<small>えんそく</small>は考<small>かんが</small>えるだけでドキドキします。

단어 想像<small>そうぞう</small>する 상상하다 | 共有<small>きょうゆう</small>する 공유하다 | ポイント 포인트 | 遠足<small>えんそく</small> 소풍 | ドキドキする 두근두근하다, 설레다

Chapter 3 핵심 패턴 159

패턴 116

상상만 해도 행복해요.

'~하기만 해도'라는 뜻으로 동사 뒤에 쓰여 그 행동을 하는 자체만으로 어떠하다는 것을 강조하는 표현입니다. 「だけで」 뒤에는 긍정적인 표현과 부정적인 표현 모두 쓸 수 있습니다.

 문장구조 | 동사 보통형 | + | だけで |

STEP 1 대화 속에서 만나보GO!
 Track 116-1

来週(らいしゅう)から夏休(なつやす)みですね！ 다음 주부터 여름 방학이네요!

想像(そうぞう)するだけで幸(しあわ)せです。 상상만 해도 행복해요.

STEP 2 패턴으로 연습하GO!
 Track 116-2

① 그 얘기는 듣기만 해도 무서워요.
▶ その話(はなし)は聞(き)くだけで怖(こわ)いです。

② 자료를 읽는 것만으로 피곤해요.
▶ 資料(しりょう)を読(よ)むだけで疲(つか)れます。

③ 걷는 것만으로도 기분이 좋아져요.
▶ 歩(ある)くだけでも気分(きぶん)がよくなります。

④ 공유하는 것만으로 포인트가 쌓여요.
▶ 共有(きょうゆう)するだけでポイントがたまります。

JLPT N3
⑤ 소풍은 생각만 해도 두근두근해요.
▶ 遠足(えんそく)は考(かんが)えるだけでドキドキします。

단어 想像(そうぞう)する 상상하다 | 共有(きょうゆう)する 공유하다 | ポイント 포인트 | 遠足(えんそく) 소풍 | ドキドキする 두근두근하다, 설레다

Chapter 3 핵심 패턴 **159**

패턴 117 출장 갈 예정이에요.

'~할 예정이에요'라는 뜻으로 계획이나 일정 등에 대해 말할 때 쓰는 표현입니다. 주로 회의, 출장 일정과 같이 공적인 일에 대한 계획을 말할 때 사용합니다.

 문장구조

| 동사 사전형 / 명사 の | + | 予定^{よてい}です |

予定^{よてい}です → 予定です

STEP 1 대화 속에서 만나보GO! Track 117-1

週末^{しゅうまつ}に何^{なに}しますか。 주말에 뭐 해요?

会社^{かいしゃ}のワークショップに参加^{さんか}する予定^{よてい}です。
회사 워크숍에 참가할 예정이에요.

STEP 2 패턴으로 연습하GO! Track 117-2

① 결혼식을 올릴 예정이에요.
▶ 結婚式^{けっこんしき}を挙^あげる予定^{よてい}です。

② 다음 주에 출장 갈 예정이에요.
▶ 来週^{らいしゅう}、出張^{しゅっちょう}に行^いく予定^{よてい}です。

③ 비행기는 3시 도착 예정입니다.
▶ 飛行機^{ひこうき}は、3時到着^{じとうちゃく}の予定^{よてい}です。

④ 유럽으로 여행 갈 예정이에요.
▶ ヨーロッパに旅行^{りょこう}する予定^{よてい}です。

[JLPT N3]
⑤ 동창회에 참석할 예정이에요.
▶ 同窓会^{どうそうかい}に参加^{さんか}する予定^{よてい}です。

단어 ワークショップ 워크숍 | 結婚式^{けっこんしき} 결혼식 | 到着^{とうちゃく} 도착 | ヨーロッパ 유럽 | 同窓会^{どうそうかい} 동창회

패턴 117 출장 갈 예정이에요.

'~할 예정이에요'라는 뜻으로 계획이나 일정 등에 대해 말할 때 쓰는 표현입니다. 주로 회의, 출장 일정과 같이 공적인 일에 대한 계획을 말할 때 사용합니다.

 문장구조

동사 사전형 / 명사 の + 予定（よてい）です

STEP 1 대화 속에서 만나보GO! Track 117-1

週末（しゅうまつ）に何（なに）しますか。 주말에 뭐 해요?

会社（かいしゃ）のワークショップに参加（さんか）する予定（よてい）です。
회사 워크숍에 참가할 예정이에요.

STEP 2 패턴으로 연습하GO! Track 117-2

① 결혼식을 올릴 예정이에요.
▶ 結婚式（けっこんしき）を挙（あ）げる予定（よてい）です。

② 다음 주에 출장 갈 예정이에요.
▶ 来週（らいしゅう）、出張（しゅっちょう）に行（い）く予定（よてい）です。

③ 비행기는 3시 도착 예정입니다.
▶ 飛行機（ひこうき）は、3時到着（じとうちゃく）の予定（よてい）です。

④ 유럽으로 여행 갈 예정이에요.
▶ ヨーロッパに旅行（りょこう）する予定（よてい）です。

[JLPT N3]
⑤ 동창회에 참석할 예정이에요.
▶ 同窓会（どうそうかい）に参加（さんか）する予定（よてい）です。

단어 ワークショップ 워크숍 | 結婚式（けっこんしき） 결혼식 | 到着（とうちゃく） 도착 | ヨーロッパ 유럽 | 同窓会（どうそうかい） 동창회

본가에 갈 생각이에요.

'~할 생각이에요', '~하려고 해요'라는 뜻으로 계획이나 일정 등에 대해 말할 때 쓰는 표현입니다.
주로 말하는 사람의 주관적인 의지가 담긴 계획을 말할 때 사용합니다.

문장
구조   **동사 사전형** + **つもりです**

STEP 1 대화 속에서 만나보GO!

Track 118-1

お正月_{しょうがつ}には何_{なに}しますか。 설에는 뭐 해요?

実家_{じっか}に帰_{かえ}るつもりです。 본가에 갈 생각이에요.

STEP 2 패턴으로 연습하GO!

Track 118-2

① 그녀에게 고백할
작정이에요.
▸ 彼女_{かのじょ}に告_{こく}るつもりです。

② 올해에는 차를 살
생각이에요.
▸ 今年_{ことし}には車_{くるま}を買_かうつもりです。

③ 대기업에 취직할
생각이에요.
▸ 大企業_{だいきぎょう}に就職_{しゅうしょく}するつもりです。

④ 올해는 꼭 다이어트할
생각이에요.
▸ 今年_{ことし}は必_{かなら}ずダイエットするつもりです。

JLPT N3
⑤ 리포트를 제출하러 갈
생각이에요.
▸ レポートを出_だしに行_いくつもりです。

단어 お正月_{しょうがつ} 설날 | 実家_{じっか} 본가, 친정 | 告_{こく}る (사랑 등을) 고백하다 | 今年_{ことし} 올해 | 車_{くるま} 자동차, 탈것 | 大企業_{だいきぎょう} 대기업

패턴 119 분명히 합격할 거예요.

'~할 거예요'라는 뜻으로 강한 확신을 가지고 어떠한 상황에 대해 추측할 때 사용합니다. 일상 회화에서는 '당연히 ~일 거예요'와 같이 간단하게 해석하기도 합니다.

문장구조 | 동사·い형용사 보통형 / な형용사 だ / 명사 + に決まっています
だ는 빼고 연결!

STEP 1 대화 속에서 만나보GO! Track 119-1

頑張ったから合格するに決まっていますよ。
열심히 했으니까 분명히 합격할 거예요.

ありがとうございます。 고마워요.

STEP 2 패턴으로 연습하GO! Track 119-2

① 모두들 깜짝 놀랄 게
틀림없어요.
▶ みんな驚くに決まっています。

② 당연히 지름길이
있을 거예요.
▶ 近道があるに決まっています。

③ 당연히 그 소문은
거짓말일 거예요.
▶ その噂は、嘘に決まっています。

④ 틀림없이 그도
깊이 반성할 거예요.
▶ 彼も深く反省するに決まっています。

JLPT N3
⑤ 다 외우는 것은
당연히 무리겠지요.
▶ 全部覚えるのは無理に決まっています。

단어 みんな 모두, 전부 | 驚く 놀라다 | 近道 지름길, 샛길 | 噂 소문 | 嘘 거짓말 | 深い 깊다 | 反省する 반성하다

패턴 120

고민한 결과, 이직하기로 했어요.

'~한 결과'라는 뜻으로 동사 た형 뒤에 쓰여 어떤 행동을 한 결과 이루어진 상황에 대해 설명할 때 쓰는 표현입니다.

문장구조   동사 た형   +   た結果(けっか)

STEP 1 대화 속에서 만나보GO!
 Track 120-1

卒業後(そつぎょうご)、何(なに)か計画(けいかく)がありますか。 졸업 후, 뭔가 계획이 있어요?

両親(りょうしん)と相談(そうだん)した結果(けっか)、進学(しんがく)することにしました。
부모님과 상담한 결과, 진학하기로 했어요.

 STEP 2 패턴으로 연습하GO!
 Track 120-2

❶ 絶(た)えず話(はなし)した結果(けっか)、彼(かれ)が納得(なっとく)しました。
끊임없이 이야기한 결과, 그가 납득했어요.

❷ 毎日(まいにち)運動(うんどう)した結果(けっか)、5キロ痩(や)せました。
매일 운동한 결과, 살이 5킬로그램 빠졌어요.

❸ 毎日(まいにち)勉強(べんきょう)した結果(けっか)、英語(えいご)が上手(じょうず)になりました。
매일 공부한 결과, 영어를 잘하게 되었어요.

❹ お互(たが)いに努力(どりょく)した結果(けっか)、関係(かんけい)がもっとよくなりました。
서로 노력한 결과, 관계가 더 좋아졌어요.

❺ 先生(せんせい)と相談(そうだん)した結果(けっか)、大学院(だいがくいん)に行(い)かないことにしました。

JLPT N3 선생님과 상담한 결과, 대학원에 가지 않기로 했어요.

단어 計画(けいかく) 계획 | 相談(そうだん)する 상담하다 | 進学(しんがく) 진학 | 納得(なっとく) 납득 | 関係(かんけい) 관계 | 大学院(だいがくいん) 대학원

Chapter 3 핵심 패턴   **163**

패턴
121

안 올지도 몰라요.

'~일지도 몰라요'라는 뜻으로 상황에 대해 추측하는 표현 중 하나입니다. 일상 회화에서 화자가 주관적인 판단으로 추측하는 경우에 주로 쓰입니다.

| 문장구조 | 동사・い형용사 보통형 / な형용사 (だ) / 명사 | + | かもしれないです |

だ는 빼고 연결!

🐾 STEP 1 대화 속에서 만나보GO!

 Track 121-1

今日、飲み会に鈴木君も来るでしょう。
오늘 회식에 스즈키 군도 오죠?

さあ…来ないかもしれないです。
글쎄요…안 올지도 몰라요.

🐾 STEP 2 패턴으로 연습하GO!

 Track 121-2

① 후쿠오카는
더울지도 몰라요.
▶ 福岡は暑いかもしれないです。

② 막차 시간에 맞출 수
있을지도 몰라요.
▶ 終電に間に合うかもしれないです。

③ 결혼식은
끝났을지도 몰라요.
▶ 結婚式は終わったかもしれないです。

④ 두 사람, 의외로
친할지도 몰라요.
▶ 二人、意外と親しいかもしれないです。

JLPT N3
⑤ 내일은 손님이
올지도 몰라요.
▶ 明日はお客さんが来るかもしれないです。

단어 福岡 후쿠오카(지명) | 間に合う 시간에 맞추다 | 二人 두 사람 | 親しい 친하다

패턴 122 · 사람이 많을 거라고 생각했어요.

'~(할) 것이라고 생각했어요'라는 뜻으로 과거의 어느 시점에 화자가 추측한 것을 나타내는 표현입니다. 「思う」가 동사이므로 과거형, 정중체 등으로 상황에 따라 변화하여 쓸 수 있습니다.

문장구조

동사 · い형용사 보통형 / な형용사 だ / 명사	+	だろうと思いました

だ는 빼고 연결!

STEP 1 **대화 속에서 만나보GO!** 🎧 Track 122-1

チケットが売り切れました。 표가 매진됐어요.

やっぱり…もうないだろうと思いました。
역시… 이미 없을 거라고 생각했어요.

STEP 2 **패턴으로 연습하GO!** 🎧 Track 122-2

① 사람이 많을 거라고 생각했어요. ▶ 人が多いだろうと思いました。

② 홍보가 필요하다고 생각했어요. ▶ 宣伝が必要だろうと思いました。

③ 잘 해낼 거라고 생각했어요. ▶ うまくやれるだろうと思いました。

④ 분명히 합격할 거라고 생각했어요. ▶ きっと合格するだろうと思いました。

JLPT N3
⑤ 물가가 오를 거라고 생각했어요. ▶ 物価が上がるだろうと思いました。

단어 やっぱり 역시 | 宣伝 홍보, 선전 | うまく 잘, 목적한 대로 | 物価 물가

이미 헤어졌대요.

'~래요', '~라고 해요'라는 뜻으로 다른 사람이나 매체를 통해 전해 들은 정보를 누군가에게 전달할 때 쓰는 표현입니다.

문장구조	동사・い형용사・な형용사 보통형 / 명사 だ	+	そうです

STEP 1 대화 속에서 만나보GO!   Track 123-1

あの二人、まだ付き合っているのかな。
그 두 사람 아직 사귀는 걸까?

もう別れたそうです。　이미 헤어졌대요.

STEP 2 패턴으로 연습하GO! Track 123-2

① 오후부터 큰눈이 내린대요. ▶ 午後から大雪が降るそうです。

② 각국의 관광객들이 모인대요. ▶ 各国の観光客が集まるそうです。

③ 요즘 고속버스는 편리하대요. ▶ 最近の高速バスは便利だそうです。

④ 우리 팀 신입사원이래요. ▶ うちのチームの新入社員だそうです。

JLPT N3
⑤ 다음 주부터 장마라고 해요. ▶ 来週から梅雨入りするそうです。

단어 付き合う 사귀다 | 午後 오후 | 大雪 큰눈 | 各国 각국 | 観光客 관광객 | うちの 우리, 안(쪽) | チーム 팀 | 梅雨入りする 장마철에 접어들다

바쁜 것 같아요.

'~인 것 같아요'라는 뜻으로 화자가 겪은 상황이나 경험을 바탕으로 주관적으로 추측할 때 쓰는 표현입니다.

문장구조

| 동사・い형용사 보통형 / な형용사 だ / 명사 | + | みたいです |

└ だ는 빼고 연결!

🐾 **STEP 1** 대화 속에서 만나보GO! 🎧 Track 124-1

注文_{ちゅうもん}したいけど、誰_{だれ}も来_こないですね。
주문하고 싶은데, 아무도 안 오네요.

店員_{てんいん}が忙_{いそが}しいみたいです。 점원이 바쁜 것 같아요.

🐾 **STEP 2** 패턴으로 연습하GO! 🎧 Track 124-2

❶ 눈치가 없는 것 같아요. ▶ 空気読_{くうきよ}めないみたいです。

❷ 그 소문이 맞는 것 같아요. ▶ その噂_{うわさ}が正_{ただ}しいみたいです。

❸ 드디어 승진할 것 같아요. ▶ いよいよ昇進_{しょうしん}するみたいです。

❹ 오늘 저녁은 돈카츠 같아요. ▶ 今日_{きょう}の夕_{ゆう}ご飯_{はん}はとんかつみたいです。

JLPT N3
❺ 평소보다 기운이 없는 것 같아요. ▶ いつもより元気_{げんき}がないみたいです。

단어 空気読_{くうきよ}めない 눈치 없다 | 正_{ただ}しい 맞다, 정확하다 | 昇進_{しょうしん}する 승진하다 | とんかつ 돈카츠 | 元気_{げんき} 기운, 기력

🐾 지금까지 배운 패턴을 연습 문제를 통해 복습해 보세요.

TEST 1 녹음을 듣고 말하며 빈칸 채워보기!　　🎧 Track 124-3

1 帽子 ＿＿＿＿＿＿ 靴 ＿＿＿＿＿＿ 新しく買いました。

2 今年には車を買う ＿＿＿＿＿＿＿＿＿＿＿。

3 毎日運動し ＿＿＿＿＿＿＿＿、5キロ痩せました。

TEST 2 한국어 해석에 알맞은 일본어 문장 고르기!

1 차가울 때 드세요.

① 冷たいから食べてください。

② 冷たいうちに食べてください。

2 출장 갈 예정이에요.

① 出張に行き予定です。

② 出張に行く予定です。

TEST 3 빈칸에 들어갈 알맞은 패턴을 골라 연결하기!

1 温かい ⬚ 、食べてください。 ・　　　・a だけで

따뜻할 때 드세요.

2 毎日食べる ⬚ 好きです。 ・　　　・b うちに

매일 먹을 정도로 좋아해요.

3 その話は聞く ⬚ 怖い。 ・　　　・c くらい

그 얘기는 듣기만 해도 무서워요.

TEST 4 그림을 보고, 단어를 활용하여 대화 완성하기!

Ⓐ 집도 가까우면서 맨날 늦네!　　＊遲刻する 지각하다

_____

Ⓑ 사고 때문에 늦었어.　　＊事故 사고

_____

TEST 5 제시된 단어를 보고, 배운 패턴을 활용하여 문장 만들기!

1 매일 공부한 결과, 일본어를 잘하게 되었어요.

_____

HINT 毎日 매일 | 勉強する 공부하다 | 日本語 일본어

2 그 소문은 당연히 거짓일 거예요.

_____

HINT その 그 | 噂 소문 | 嘘 거짓말

3 회의는 이미 끝났을지도 몰라요.

_____

HINT 会議 회의 | 終わる 끝나다

4 인기가 별로 없을 거라고 생각했어요.

_____

HINT 人気 인기 | あまり 별로 | ない 없다

패턴 125 교토 같은 곳이 좋아요.

'~같은'이라는 뜻으로 「AようなB」형태로 쓰여 'A 같은 B'라고 표현할 수 있습니다. B에 대해 설명할 때 A라는 예시를 들어 나타내는 비유 표현 중의 하나입니다.

문장구조 동사 보통형 / 명사 の + **ような**

🐾 STEP 1 대화 속에서 만나보GO!

コーヒー好(す)きですか。 커피 좋아해요?

コーヒーの**ような**苦(にが)い飲(の)み物(もの)は好(す)きじゃないです。
커피 같은 쓴 음료는 안 좋아해요.

🐾 STEP 2 패턴으로 연습하GO!

① 어린아이 같은 귀여움이 있어요.
▶ 子供(こども)の**ような**可愛(かわい)さがあります。

② 남매 같은 편안함이 좋아요.
▶ 兄妹(きょうだい)の**ような**気楽(きらく)さが好(す)きです。

③ 엄마 같은 따뜻한 사람이 되고 싶어요.
▶ 母(はは)の**ような**温(あたた)かい人(ひと)になりたいです。

④ 마카롱 같은 단 것이 좋아요.
▶ マカロンの**ような**甘(あま)いものがいいです。

JLPT N3
⑤ 파리 같은 도시에 가 보고 싶어요.
▶ パリの**ような**都市(とし)に行(い)ってみたいです。

단어 子供(こども) 어린아이 | 兄妹(きょうだい) 남매 | 気楽(きらく)さ 편안함 | 温(あたた)かい 따뜻하다 | マカロン 마카롱 | 甘(あま)いもの 단 것 | 都市(とし) 도시

패턴 126 사고가 난 것 같아요.

'~인 것 같아요'라는 뜻으로 다른 사람에게 들은 정보나 화자가 직접 겪은 일과 같이 어느 정도 객관적인 근거를 가지고 추측하는 경우에 쓰는 표현입니다.

문장구조 동사 · い형용사 보통형 / な형용사 だ / 명사 + らしいです
                                            ⋯ だ는 빼고 연결!

 STEP 1 대화 속에서 만나보GO! 🎧 Track 126-1

最近、仕事大変らしいですね。大丈夫ですか。
요즘에 일이 힘든 것 같아요. 괜찮아요?

仕事が増えて大変です。 일이 늘어서 힘들어요.

STEP 2 패턴으로 연습하GO! 🎧 Track 126-2

① 사고가 난 것 같아요. ▸ 事故があったらしいです。

② 유지 선생님은 엄한 것 같아요. ▸ ゆうじ先生は厳しいらしいです。

③ 저와 같은 고향 출신인 것 같아요. ▸ 私と同じ故郷の出身らしいです。

④ 저 가게 서비스가 좋다는 것 같아요. ▸ あの店のサービスがいいらしいです。

JLPT N3
⑤ 벌써 장마가 시작된 것 같아요. ▸ もう梅雨入りしたらしいです。

단어 厳しい 엄하다, 엄격하다 | 同じだ 같다 | 故郷 고향 | 出身 출신 | サービス 서비스

패턴
127

지금 전화하려고 해요.

'(지금) 막 ~하려고 하고 있어요'라는 뜻으로 매우 가까운 미래에 일어난 일에 대한 화자의 의지를 나타냅니다. 1그룹, 2그룹, 3그룹 동사 종류에 따라 각각 다른 형태로 변화하므로 동사 활용표를 참고하세요.

문장
구조
동사 의지형 + としています

🐾 **STEP 1** 대화 속에서 만나보GO! 🎧 Track 127-1

ホテルの予約^{よやく}しましたか。 호텔 예약했어요?

あ、今電話^{いまでんわ}しようとしています。
아, 지금 전화하려고 해요.

🐾 **STEP 2** 패턴으로 연습하GO! 🎧 Track 127-2

① 목욕하려고 했어요. ▶ お風呂^{ふろ}に入^{はい}ろうとしていました。

② 슬슬 돌아가려고 했어요. ▶ そろそろ帰^{かえ}ろうとしていました。

③ 지금 연락하려고 했어요. ▶ いま連絡^{れんらく}しようとしていました。

④ 방송까지 출연하려고 했어요. ▶ 放送^{ほうそう}まで出演^{しゅつえん}しようとしていました。

JLPT N3
⑤ 동료에게 부탁하려고 했어요. ▶ 同僚^{どうりょう}に頼^{たの}もうとしていました。

단어 お風呂^{ふろ}に入^{はい}る 목욕하다 | 放送^{ほうそう} 방송 | 出演^{しゅつえん} 출연

패턴 128 잊지 않도록 메모해요.

'~하도록', '~하게끔'이라는 뜻으로 동작을 하거나 하지 않는 목적, 의도를 나타내는 경우에 씁니다. 예를 들어 '시험에 합격할 수 있도록 공부해요'와 같이 사용합니다.

문장구조 : 동사 사전형 / 동사 ない형 / 동사 가능형 ＋ ように

☆ STEP 1 대화 속에서 만나보GO! 🎧 Track 128-1

明日のスケジュール、忘れていないですね。
내일 스케줄 잊지 않았죠?

はい。忘れないようにメモしておきました。
네. 잊지 않도록 메모해 두었어요.

☆ STEP 2 패턴으로 연습하GO! 🎧 Track 128-2

① 먹기 쉽게끔
　나눕시다.
▶ 食べやすいように、分けましょう。

② 합격하도록
　열심히 공부합니다.
▶ 合格するように、一生懸命勉強します。

③ 석양이 보이게끔
　찍어줍니다.
▶ 夕日が見えるように、撮ってくれます。

④ 구별할 수 있게
　표시해둬요.
▶ 区別できるように、表示しておいてください。

JLPT N3
⑤ 잘 보이도록
　앞쪽에 앉아요.
▶ よく見えるように、前の席に座りましょう。

단어 スケジュール 스케줄 | メモする 메모하다 | 分ける 나누다 | 夕日 석양 | 区別 구별 | 表示 표시

패턴 129

늦지 않도록 할게요.

'~하도록 할게요', '~하도록 하겠습니다'라는 뜻으로 화자가 어떠한 행동을 하거나 하지 않겠다는 의지를 가지고 노력하는 상황을 나타낼 때 쓰는 표현입니다.

문장구조 동사 기본형 / 동사 ない형 + ようにします

STEP 1 대화 속에서 만나보GO!

また遅刻_{ち こく}しましたね。 또 지각했네요.

明日_{あした}からは遅_{おく}れないようにします。
내일부터는 늦지 않도록 할게요.

STEP 2 패턴으로 연습하GO!

① 메시지도
남기도록 할게요.
▶ メッセージも残_{のこ}すようにします。

② 이제부터 11시에는
자도록 할게요.
▶ これから11時_じには寝_ねるようにします。

③ 좀 더 빠르게
처리하도록 할게요.
▶ もう少_{すこ}し早_{はや}く処理_{しょり}するようにします。

④ 수업 중에,
졸지 않도록 하겠습니다.
▶ 授業中_{じゅぎょうちゅう}、居眠_{い ねむ}りしないようにします。

[JLPT N3]
⑤ 앞으로는
실수하지 않도록 할게요.
▶ 今度_{こん ど}からはミスしないようにします。

단어 メッセージ 메시지 | 処理_{しょり}する 처리하다 | 居眠_{い ねむ}りする 졸다 | ミス 실수

요리를 할 수 있게 되었어요.

'~하게 되었어요'라는 뜻으로 상황이 변화되었음을 나타내는 표현입니다. 또한 화자가 자신의 의지를 가지고 상황을 변화시킨 경우에도 자주 사용합니다.

문장구조 | 동사 기본형 / 동사 ない형 | + | ようになりました |

STEP 1 대화 속에서 만나보GO! Track 130-1

> ^{ひとり ぐ}
> 一人暮らしはどうですか。 혼자 사는 건 어때요?

> ^{りょう り}
> お料理ができるようになりました。
> 요리를 할 수 있게 되었어요.

STEP 2 패턴으로 연습하GO! Track 130-2

① 고기를 먹지 않게 되었어요.
▶ お^{にく}肉を^た食べないようになりました。

② 갑자기 불평이 사라지게 되었어요.
▶ ^{きゅう}急に^{もん く}文句が^き消えるようになりました。

③ 일이 척척 진행되게 되었어요.
▶ ^{し ごと}仕事がとんとん^{すす}進むようになりました。

④ 19세부터 운전이 가능하게 되었어요.
▶ 19^{さい}歳から^{うんてん}運転できるようになりました。

JLPT N3
⑤ 수영을 할 수 있게 되었어요.
▶ ^{およ}泳げるようになりました。

단어 ^{ひとり ぐ}一人暮らし 자취, 혼자 삶 | できる 할 수 있다, 가능하다 | ^{もん く}文句 불평 | ^き消える 사라지다 | とんとん 척척, 일이 순조롭게 진행되는 모양 | ^{すす}進む 진행하다, 나아가다 | …^{さい}歳 ~세(나이)

버튼을 누르면 문이 열려요.

'~하면', '하기만 하면'이라는 뜻으로 진리, 법칙, 자연현상 등에 대해 말할 때 쓰는 표현입니다.
'반드시 꼭 그렇게 된다'라는 뉘앙스를 가지고 있습니다.

문장구조 | 동사・い형용사・な형용사 기본형 / 명사 だ | **+** | **と**

☙ STEP 1 대화 속에서 만나보GO!   🎧 Track 131-1

にゅうじょうりょう
入場料はいくらですか。 입장료는 얼마예요?

がくせい　　わりびき
学生だと割引できます。 학생이라면 할인 가능합니다.

☙ STEP 2 패턴으로 연습하GO!   🎧 Track 131-2

① 겨울이 되면 추워져요. ▸ ふゆ　　　　　　さむ
冬になると、寒くなります。

② 버튼을 누르면 문이 열려요. ▸ お　　　　　　　　ひら
ボタンを押すと、ドアが開きます。

③ 식단을 관리하면 건강해져요. ▸ こんだて　かんり　　　　　けんこう
献立を管理すると、健康になります。

④ 월급이 들어오면 쇼핑하러 가요. ▸ きゅうりょう　はい　　　か　もの　い
給料が入ると、買い物に行きます。

JLPT N3
⑤ 그렇게 비싸면 팔리지 않아요. ▸ たか　　　　　　う
そんなに高いと、売れないです。

단어 にゅうじょうりょう 入場料 입장료 | いくら 얼마 | わりびき 割引 할인 | ボタン 버튼 | お 押す 누르다 | ドア 문 | こんだて 献立 식단 | かんり 管理 관리 |
きゅうりょう 給料 월급, 급여

연습하면 돼요.

'~하면', '~이라면'이라는 뜻으로 조건을 가정할 때 쓰는 표현입니다. '그렇지 않으면'과 같이 현실
과 반대되는 상황을 가정하여 선택의 여지가 있음을 나타낼 수도 있습니다.

문장구조

동사 가정형 / い형용사 けれ / な형용사 (だ) なら / 명사 なら ＋ ば

⋯ だ는 빼고 연결!

 STEP 1 대화 속에서 만나보GO!　　　　　　　　　　　Track 132-1

フランス語の発音、難しいですね。
프랑스어 발음, 어렵네요.

練習すればできます。　연습하면 돼요.

 STEP 2 패턴으로 연습하GO!　　　　　　　　　　　Track 132-2

① 여기가 저렴하면
살 거예요.
▶ ここが安ければ、買います。

② 지금 가면 비행기
시간에 늦지 않을 거야.
▶ 今行けば、飛行機に間に合うよ。

③ 손을 잘 씻으면
예방할 수 있어요.
▶ 手をよく洗えば、予防できます。

④ 비가 오면 콘서트는
중지합니다.
▶ 雨が降れば、コンサートは中止します。

JLPT N3
⑤ 일찍 끝나면
갈게요.
▶ 早く終われば、行きます。

 단어　フランス語 프랑스어 | 予防する 예방하다 | 中止する 중지하다

추우면 에어컨 끌까요?

'~하면', '~한다면'이라는 뜻의 가정 표현으로 주로 개별적, 1회성, 우연적인 사건에서 쓰입니다.
현실과 반대되는 사실을 가정할 때도 쓸 수 있습니다.

문장구조 　동사 · い형용사 · な형용사 · 명사 과거형 **た** ＋ **たら**

　　　　　　　　　　　　た는 빼고 연결!

🐾 STEP 1 대화 속에서 만나보GO! Track 133-1

寒かったらエアコンを消しましょうか。

추우면 에어컨을 끌까요?

はい。お願いします。　네. 부탁드려요.

🐾 STEP 2 패턴으로 연습하GO! 　　🎧 Track 133-2

❶ 퇴근하면 데리러 와줘요. ▶ 退勤したら、迎えに来てください。

❷ 비 오면 피크닉은 무리예요. ▶ 雨だったら、ピクニックは無理です。

❸ 쌀쌀해지면 온천 갈까요? ▶ 肌寒くなったら、温泉に行きましょうか。

❹ 한가하면 좀 도와주세요. ▶ 暇だったら、ちょっと手伝ってください。

`JLPT N3`
❺ 야마다 씨도 권하면 오겠죠. ▶ 山田さんも誘ったら来るでしょう。

단어 エアコン 에어컨 | 消す 끄다 | 退勤 퇴근 | 迎え 마중, 맞이함 | ピクニック 피크닉 | 肌寒い 쌀쌀하다, 으스스 춥다 |
温泉 온천 | 誘う 권하다, 권유하다

134 여행 간다면 삿포로가 좋아요.

'~라면', '~한다면'이라는 뜻으로 어떠한 상황이나 상대방이 언급한 내용을 조건으로 하여 화자의
의견이나 조언, 권유 등을 나타낼 때 쓸 수 있습니다.

문장구조 　동사・い형용사 보통형 / な형용사 (だ) / 명사　+　なら

··· だ는 빼고 연결!

🐾 **STEP 1** 대화 속에서 만나보GO! 　　　　　　　　　　　🎧 Track 134-1

日本旅行（にほんりょこう）、どこがいいですか。
일본 여행, 어디가 좋아요?

旅行（りょこう）に行（い）くなら札幌（さっぽろ）がいいですよ。
여행 간다면 삿포로가 좋아요.

🐾 **STEP 2** 패턴으로 연습하GO! 　　　　　　　　　　　🎧 Track 134-2

① 나라면 절대
포기하지 않아.
▶ 私（わたし）なら、絶対（ぜったい）諦（あきら）めない。

② 야마다 씨가 간다면
나도 갈래요.
▶ 山田（やまだ）さんが行（い）くなら、私（わたし）も行（い）きます。

③ 소개팅한다면
점심으로 합시다.
▶ 合（ごう）コンするなら、ランチにしましょう。

④ 커피 마실 거면
저 가게가 좋아.
▶ コーヒーを飲（の）むなら、あの店（みせ）がいい。

JLPT N3
⑤ 그렇게 아프면
빨리 집에 가요.
▶ そんなに痛（いた）いなら、早（はや）く帰（かえ）りなさい。

단어 絶対（ぜったい） 절대 | 諦（あきら）める 포기하다, 체념하다 | 合（ごう）コン 소개팅

Chapter 3 핵심 패턴　**179**

패턴
135

여행 갈 때마다 선물을 사요.

'~때마다', '매번'이라는 뜻으로 어떤 상황이 발생할 때마다 매번 같은 결과가 반복해서 생기는 상황을 나타내는 표현입니다.

 문장구조 | 동사 사전형 / 명사 の + たびに

 🐾 **STEP 1** 대화 속에서 만나보GO!   Track 135-1

昨日(きのう)もデートしましたか。 어제도 데이트했어요?

はい。会(あ)うたびに好(す)きになります。
네. 만날 때마다 좋아져요.

🐾 **STEP 2** 패턴으로 연습하GO!   Track 135-2

① 실수할 때마다
야단맞아요.
▸ ミスするたびに叱(しか)られます。

② 다이어트할 때마다
우울해져요.
▸ ダイエットするたびに鬱(うつ)になります。

③ 함께 여행 갈 때마다
싸워요.
▸ 一緒(いっしょ)に旅行(りょこう)に行(い)くたびに喧嘩(けんか)します。

④ 배고플 때마다
한 번은 참아요.
▸ お腹(なか)が空(す)くたびに一度(いちど)は我慢(がまん)します。

JLPT N3
⑤ 해외에 갈 때마다
선물을 사 온다.
▸ 海外(かいがい)に行(い)くたびにお土産(みやげ)を買(か)ってくる。

단어 デート 데이트 | 叱(しか)る 야단치다, 꾸짖다 | ダイエット 다이어트 | 鬱(うつ) 울적함 | 喧嘩(けんか)する 싸우다, 다투다 | 我慢(がまん)する 참다, 견디다

패턴
136

일주일마다 운동해요.

'~마다', '~간격으로', '~걸러서'라는 뜻으로 일정한 주기로 간격을 두고 반복해서 발생하는 상황을
나타낼 때 쓰는 표현입니다.

 문장구조 **명사** + **おきに**

STEP 1 대화 속에서 만나보GO! Track 136-1

さいきんいそが
最近忙しいですか。 요즘 바빠요?

いちにち
はい。一日おきにバイトがあります。
네. 하루 걸러서 아르바이트가 있어요.

STEP 2 패턴으로 연습하GO! Track 136-2

① 일주일 간격으로
운동해요.
▶ いっしゅうかん
一週間おきに運動します。
うんどう

② 요즘 하루 걸러
외식해요.
▶ さいきんいちにち
最近一日おきに外食します。
がいしょく

③ 셔틀버스는 30분
간격으로 있어요.
▶ ぶん
シャトルバスは30分おきにあります。

④ 이 약은 4시간
간격으로 드세요.
▶ くすり じかん の
この薬は4時間おきに飲んでください。

JLPT N3
⑤ 올림픽은 3년
간격으로 개최됩니다.
▶ ねん おこな
オリンピックは3年おきに、行われます。

단어 いっしゅうかん
一週間 일주일 | シャトルバス 셔틀버스 | オリンピック 올림픽

패턴 137

밥 대신 라면 먹었어요.

'~대신에'라는 뜻으로 일시적으로 다른 것에 대체하는 상황에서 쓰입니다. 또한 '~반면에'와 같이 반전 의미를 나타낼 때도 쓸 수 있습니다.

문장구조

동사・い형용사 보통형 / な형용사 だ な / 명사 の ＋ 代わりに

……… だ는 빼고 연결!

STEP 1 대화 속에서 만나보GO!

Track 137-1

今日もご飯の代わりにラーメンを食べました。
오늘도 밥 대신에 라면을 먹었어요.

またですか。飽きないですか。　또요? 질리지 않아요?

STEP 2 패턴으로 연습하GO!

Track 137-2

① 운동 가는 대신
집안일을 해요.
▶ 運動に行く代わりに家事をします。

② TV를 보는 대신
책을 읽어요.
▶ テレビを見る代わりに本を読みます。

③ 저 대신 회의에
참석해 주세요.
▶ 私の代わりに会議に参加してください。

④ 양파 대신
파를 넣어도 돼요.
▶ 玉ねぎの代わりに、ネギを入れてもいいです。

JLPT N3
⑤ 도장 대신
사인도 괜찮아요.
▶ ハンコの代わりに、サインも大丈夫です。

단어　飽きる 질리다, 싫증 나다 | 玉ねぎ 양파 | ネギ 파 | ハンコ 도장 | サイン 사인

패턴 138

가는 김에 콜라도 부탁해요.

'~하는 김에'라는 뜻으로 본래 목적이었던 행동을 하면서 이를 기회나 계기로 삼아 그 밖에 또 다른 행동도 하는 경우를 나타낼 때 쓰는 표현입니다.

문장구조 | 동사 기본형 / 동사 た형 / 명사 の | + | ついでに |

 STEP 1 대화 속에서 만나보GO! 🎧 Track 138-1

> コンビニ行ってきます。 편의점 갔다 올게요.

> 行くついでにコーラもお願いします。
> 가는 김에 콜라도 부탁해요.

 STEP 2 패턴으로 연습하GO! 🎧 Track 138-2

❶ 散歩のついでに、コンビニへ寄りました。
산책하는 김에 편의점에 들렀어요.

❷ 買い物に行ったついでに、外食をしました。
쇼핑 간 김에 외식을 했어요.

❸ 立ったついでに、台所からお皿持ってきて。
일어난 김에 주방에서 접시 가지고 와.

❹ 長く休むついでに、旅行でも行きましょう。
오래 쉬는 김에 여행이라도 가요.

❺ 夕ご飯を作ったついでに、お弁当も作りました。
[JLPT N3] 저녁을 만든 김에 도시락도 만들었습니다.

단어 寄る 들르다, 다가서다 | 立つ 일어서다 | 台所 주방, 부엌 | お皿 접시 | お弁当 도시락

패턴 139 레시피대로 쿠키를 구웠어요.

'~대로', '~한 그대로'라는 뜻으로「A通りにB」형태로 쓰여 'A대로 B하다'라고 해석할 수 있습니다. 예정, 계획, 명령, 지시, 상상 등의 단어 뒤에 자주 쓰입니다.

문장구조 동사 기본형 / 동사 た형 / 명사 の + 通り(に)

STEP 1 대화 속에서 만나보GO! Track 139-1

レシピの通り、クッキーを焼きました。
레시피대로 쿠키를 구웠어요.

本当に美味しそうですね! 정말 맛있어 보이네요!

STEP 2 패턴으로 연습하GO! Track 139-2

① 옷이 생각했던 대로
예쁘네요.
▶ 服が思った通りにきれいですね。

② 예상한 대로
재미있었어요.
▶ 予想した通りに面白かったです。

③ 설명서대로
해 봅시다.
▶ 説明書の通りにやってみましょう。

④ 이 라인대로
잘라주세요.
▶ このライン通りに切ってください。

JLPT N3
⑤ 일기예보대로
굉장히 더웠어요.
▶ 天気予報の通りに、とても暑かったです。

단어 レシピ 레시피 | クッキー 쿠키 | 焼く 굽다 | 本当 정말, 진짜 | 予想する 예상하다 | 説明書 설명서 |
ライン 라인, 선 | 切る 자르다 | 天気予報 일기예보

시키는 대로 사인했어.

'~대로', '~채로'라는 뜻으로 상황의 흐름이나 다른 사람의 요구 등에 그대로 따른다는 뉘앙스를
나타냅니다.

 문장구조 | **동사 기본형 / 명사 の** + **まま(に)**

 STEP 1 대화 속에서 만나보GO!   Track 140-1

> 最近、運動していますか。 요즘 운동하나요?

> 友達に誘われるままにジムに入会しました。
> 친구에게 권유 받은 대로 헬스장에 가입했어요.

STEP 2 패턴으로 연습하GO!   Track 140-2

❶ 気の向くままに書いてください。
마음 가는 대로 적어주세요.

❷ この家はこのままにしておきたい。
이 집은 이대로 두고 싶어.

❸ 店員に言われるままに、サインしちゃった。
점원이 말하는 대로 사인해 버렸어.

❹ 計画を立てずに、足の向くままに旅をする。
계획을 세우지 않고 발길 닿는 대로 여행해요.

❺ 上司に命令されるままに報告書を作成した。
〔JLPT N3〕 상사가 명령하는 대로 보고서를 작성했다.

단어 入会する 가입하다 | 気 마음 | 向く 향하다 | 立てる 세우다 | 上司 상사 | 命令する 명령하다

아이패드 외에는 갖고 싶은 거 없어요.

'~외에', '~하는 것 외에'라는 뜻으로 제외함을 나타냅니다. 「…ほかには(~외에는)」, 「…ほかにも(~외에도)」 등 조사를 붙여서 다양하게 활용할 수 있습니다.

문장구조

동사 기본형 / 명사 の	+	ほかに

STEP 1 대화 속에서 만나보GO! Track 141-1

最近、何か欲しいものありますか。
요즘 뭐 갖고 싶은 것 있어요?

アイパッドのほかに欲しいものはないです。
아이패드 외에 갖고 싶은 건 없어요.

STEP 2 패턴으로 연습하GO! Track 141-2

① 요가 이외에
수영도 해요.
▶ ヨガのほかに水泳もします。

② 고기 외에
살 게 있나요?
▶ 肉のほかに買うものがありますか。

③ 손목시계 이외에
뭐가 갖고 싶어요?
▶ 腕時計のほかに何が欲しいですか。

④ 여기 외에
다른 출구가 없네요.
▶ ここのほかに他の出口がないですね。

JLPT N3
⑤ 제출해 보는 것 외에
방법이 없어요.
▶ 提出してみるほかに方法がないです。

단어 欲しいもの 원하는 것 | アイパッド 아이패드(iPad) | 腕時計 손목시계 | 出口 출구 | 提出する 제출하다

작년에 비해 덥다.

'~에 비해'라는 뜻으로 「Aに比べてB」 형태로 쓰여 A와 비교해서 B라는 결과가 있을 때 이를 설명하는 비교 표현을 나타낼 수 있습니다.

 문장구조 명사 + に比べて

STEP 1 대화 속에서 만나보GO!   Track 142-1

マクドナルドに比べてモスバーガーが高いね。
맥도날드에 비해서 모스버거가 비싸네.

本当そうだね。 정말 그렇네.

STEP 2 패턴으로 연습하GO!   Track 142-2

① 반 년 전에 비해 살이 빠졌네요.
▶ 半年前に比べて痩せましたね。

② 올해는 작년에 비해서 덥네요.
▶ 今年は去年に比べて暑いですね。

③ 3년 전에 비해 성적이 올랐어요.
▶ 3年前に比べて成績が上がりました。

④ 예전에 비해서 올해 매출이 늘었다.
▶ 昔に比べて、今年は売り上げが増えた。

JLPT N3
⑤ 나에 비해 동생은 스포츠를 잘해요.
▶ 私に比べて、妹はスポーツが得意です。

단어 マクドナルド 맥도날드 | モスバーガー 모스버거 | そうだ 그렇다, 그렇지 | 去年 작년

개발 계획에 대해서 반대하고 있어요.

'~에 대해서', '~에 관해서'라는 뜻으로 명사 뒤에 쓰여 그 대상을 특정하여 설명하거나 서술할 때 쓰는 표현입니다.

문장 구조 명사 + に対(たい)して

STEP 1 대화 속에서 만나보GO!

Track 143-1

うちの母(はは)は私(わたし)に対(たい)して厳(きび)しすぎる。
우리 엄마는 나한테 너무 엄해.

そんなに落(お)ち込(こ)まないで。 너무 속상해하지 마.

STEP 2 패턴으로 연습하GO!

Track 143-2

1. 私(わたし)は自分(じぶん)に対(たい)して最(もっと)も厳(きび)しいです。
   저는 자신에 대해서 제일 엄격해요.

2. サービスに対(たい)して不満(ふまん)があります。
   서비스에 대해서 불만이 있어요.

3. 環境問題(かんきょうもんだい)に対(たい)しても観点(かんてん)が違(ちが)います。
   환경 문제에 대해서도 관점이 달라요.

4. 先生(せんせい)は真面目(まじめ)な学生(がくせい)に対(たい)しては優(やさ)しい。
   선생님은 성실한 학생에 대해서는 친절하다.

5. 彼(かれ)は開発計画(かいはつけいかく)に対(たい)して反対(はんたい)している。
   JLPT N3 그는 개발 계획에 대해서 반대하고 있다.

단어 厳(きび)しい 엄하다, 엄격하다 | 落(お)ち込(こ)む 침울해지다 | 最(もっと)も 제일, 가장 | 不満(ふまん) 불만 | 環境(かんきょう) 환경 | 観点(かんてん) 관점 | 違(ちが)い 다르다 | 開発計画(かいはつけいかく) 개발 계획

사람이 많아서 못 걸을 정도야.

'~할 정도예요'라는 뜻으로 대략적인 정도를 나타낼 때 쓰는 표현입니다. 앞서 학습한 「くらい」 보다 정도가 더 높을 때나 조금 더 격식을 차려서 말할 때 사용할 수 있습니다.

문장구조 동사・い형용사 보통형 / な형용사 (だ) / 명사 ＋ ほどです

··· だ는 빼고 연결!

🐾 **STEP 1** 대화 속에서 만나보GO!　　　　　　 Track 144-1

人混みがすごいですね！ 인파가 엄청나네요!
ひと ご

人が多すぎて歩けないほどです。
ひと おお ある

사람이 너무 많아서 걷지 못할 정도예요.

🐾 **STEP 2** 패턴으로 연습하GO!　　　　　　 Track 144-2

① 家から塾までは、歩いて15分ほどです。
いえ じゅく ある ふん

집에서 학원까지는 걸어서 15분 정도예요.

---

② 疲れすぎて体も支えられないほどです。
つか からだ ささ

너무 피곤해서 몸도 못 가눌 정도예요.

---

③ 風邪がひどくて、薬も効かないほどです。
かぜ くすり き

감기가 심해서 약도 듣지 않을 정도예요.

---

④ 忙しくて、ご飯を食べるのも忘れるほどです。
いそが はん た わす

바빠서 밥을 먹는 것도 잊을 정도예요.

---

⑤ お腹が空いて、なんでも食べられるほどです。
なか す た

JLPT N3

배가 고파서 뭐든 먹을 수 있을 정도예요.

단어 人混み 인파, 사람들로 북적임 | 塾 학원 | 体 몸 | 支える 지탱하다, 받치다 | ひどい 심하다
ひと ご じゅく からだ ささ

패턴
145
생각하면 생각할수록 모르겠네.

'~하면 ~할수록'이라는 뜻으로 「AばAほど、…」 형태로 쓰여 A의 정도가 높아질수록 그 영향을 받아서 뒤에 언급되는 것의 정도 또한 더 높아진다는 뉘앙스를 나타냅니다.

문장구조

동사 가정형 / い형용사 ければ / な형용사 なら	+	ば

+	동사 / い형용사 기본형 / な형용사 な	+	ほど

STEP 1 대화 속에서 만나보GO! 🎧 Track 145-1

バイトどうするか決^きめたの? 아르바이트 어떻게 할지 정했어?

考^{かんが}えれば考^{かんが}えるほど、分^わからない。
생각하면 생각할수록 모르겠어.

STEP 2 패턴으로 연습하GO! 🎧 Track 145-2

① 보면 볼수록 화가 나. ▶ 見^みれば見^みるほど、腹^{はら}が立^たつ。

② 얘기하면 할수록 궁금해져요. ▶ 話^{はな}せば話^{はな}すほど、気^きになります。

③ 읽으면 읽을수록 재미있어져요. ▶ 読^よめば読^よむほど面白^{おもしろ}くなります。

④ 회는 신선하면 신선할수록 맛있다. ▶ 刺身^{さしみ}は新鮮^{しんせん}ならば新鮮^{しんせん}なほど美味^{おい}しい。

JLPT N3
⑤ 연습하면 할수록 잘하게 된다. ▶ 練習^{れんしゅう}すればするほど、上手^{じょうず}になる。

단어 腹^{はら}が立^たつ 화가 나다

패턴 146 직접 만든 요리만큼 맛있는 것은 없어.

「Aほど、Bは(い)ない…」형태로 쓰여 'A만큼 B한 것(사람)은 없다'라고 해석합니다. 대상이 사람인 경우에는 「はいない」라고 합니다.

문장구조 동사 기본형 / 명사 + ほど + 명사 형태 + は(い)ない

STEP1 대화 속에서 만나보GO! 🎧 Track 146-1

手作り料理ほど美味しいものはない。
손수 만든 요리만큼 맛있는 것은 없어.

本当そうだね。 정말 그렇지.

STEP2 패턴으로 연습하GO! 🎧 Track 146-2

① 야마다 씨만큼
상냥한 사람은 없어.
▶ 山田さんほど優しい人はいない。

② 먹는 것만큼
즐거운 것은 없어.
▶ 食べることほど楽しいことはない。

③ 여기 야경만큼
예쁜 경치는 없어.
▶ ここの夜景ほどきれいな景色はない。

④ 부모만큼 너를
아끼는 사람은 없어.
▶ 親ほどあなたを大切にする人はいない。

JLPT N3
⑤ 스마트폰만큼
편리한 것은 없어.
▶ スマホほど便利なものはない。

단어 **手作り料理** 손수 만든 요리 | **夜景** 야경 | **大切** 아낌, 소중히 여겨 조심히 다루는 모양

🐾 지금까지 배운 패턴을 연습 문제를 통해 복습해 보세요.

TEST 1 녹음을 듣고 말하며 빈칸 채워보기! 🎧 Track 146-3

1 子供の ＿＿＿＿＿＿＿ 可愛さがあります。

2 メッセージも残します ＿＿＿＿＿＿＿。

3 献立を管理する ＿＿＿＿＿＿＿、健康になります。

TEST 2 한국어 해석에 알맞은 일본어 문장 고르기!

1 돌아가려고 했어요.

❶ 帰るようにしていました。
❷ 帰ろうとしていました。

2 봄이 되면 꽃이 펴요.

❶ 春になったら、花が咲きます。
❷ 春になると、花が咲きます。

TEST 3 빈칸에 들어갈 알맞은 패턴을 골라 연결하기!

1 もう別れた ⬚ 。　　　•　　•ⓐ そうです
　이미 헤어졌대요.

2 事故があった ⬚ 。　　•　　•ⓑ らしいです
　사고가 난 것 같아요.

3 泳げる ⬚ 。　　　　•　　•ⓒ ようになりました
　수영을 할 수 있게 되었어요.

TEST 4 그림을 보고, 단어를 활용하여 대화 완성하기!

Ⓐ 요즘 바쁜 것 같아요.   ＊<ruby>忙<rt>いそが</rt></ruby>しい 바쁘다

_____

Ⓑ 네, 하루 걸러 출장이 있어요.   ＊<ruby>出張<rt>しゅっちょう</rt></ruby> 출장

_____

TEST 5 제시된 단어를 보고, 배운 패턴을 활용하여 문장 만들기!

1 남자 친구만큼 상냥한 사람은 없어요.

_____

HINT <ruby>彼氏<rt>かれ し</rt></ruby> 남자 친구 | <ruby>優<rt>やさ</rt></ruby>しい 상냥하다 | <ruby>人<rt>ひと</rt></ruby> 사람

2 피곤해서, 밥 먹는 것도 잊을 정도예요.

_____

HINT <ruby>疲<rt>つか</rt></ruby>れる 피곤하다 | ご<ruby>飯<rt>はん</rt></ruby> 밥 | <ruby>忘<rt>わす</rt></ruby>れる 잊다

3 들으면 들을수록 모르겠어요.

_____

HINT <ruby>聞<rt>き</rt></ruby>く 듣다 | <ruby>分<rt>わ</rt></ruby>からない 모르다

4 영화가 예상한 대로 재미없었어요.

_____

HINT <ruby>予想<rt>よ そう</rt></ruby>する 예상하다 | <ruby>面白<rt>おもしろ</rt></ruby>くない 재미없다

CHAPTER 4

응용력을 높여 주는 확장 패턴

147-200

이번 마지막 챕터에서는 '연애란 타이밍도 중요해', '담배를 끊어야 해요'와 같이 정의, 당위성 등을 나타내는 확장 표현부터 '어제 말했잖아', '방이 먼지투성이야'와 같이 일상 대화 속에서 문장의 맛을 살려주는 표현 위주로 학습합니다. 지금까지 배운 패턴을 활용하여 원어민도 놀랄만한 표현을 구사할 수 있습니다.

학습 순서

  ▶ ▶ ▶ ▶

본문 + MP3 　　 연습 문제 　　 총정리 쓰기 노트 　　 단어 테스트 　　 말하기 트레이닝

안 맞아도 괜찮아! 이제 진짜 친구가 된 시바군과 집냥이

위 이야기 속 표현을 일본어로 말할 수 있나요?
지금 당장은 어렵더라도 이번 챕터를 모두 학습한 후에는
모두 일본어로 말할 수 있을 거예요!

패턴 147 츠케멘에 빠져있어요.

'~에 푹 빠져있어요'라는 뜻으로 좋아하는 음식이나 취미 관련된 단어와 주로 쓰여 정신이 쏠려 헤어나오지 못하는 상태를 나타냅니다. 일상 회화에서 자주 사용하는 표현입니다.

문장구조 | 명사 | + | にハマっています |

 STEP 1 대화 속에서 만나보GO!   Track 147-1

> またパンですか。 또 빵이에요?

> 最近、メロンパンにハマっていますよ。
> 요즘 메론빵에 빠져있어요.

 STEP 2 패턴으로 연습하GO!   Track 147-2

① 요즘 츠케멘에 빠져있어요. ▶ 最近、つけ麺にハマっています。

② 인형 뽑기에 빠져있어요. ▶ UFOキャッチャーにハマっています。

③ 넷플릭스에 빠져있어요. ▶ ネットフリックスにハマっています。

④ 요즘은 볼링에 빠져있어요. ▶ 最近は、ボウリングにハマっています。

[JLPT N3]
⑤ 기모노의 매력에 빠져있어요. ▶ 着物の魅力にハマっています。

단어 メロンパン 메론빵 | つけ麺 츠케멘(면을 국물에 찍어 먹는 일본 요리) | UFOキャッチャー 인형 뽑기 |
ネットフリックス 넷플릭스 | ボウリング 볼링 | 魅力 매력

패턴 148 친구는 도쿄에 가고 싶어 해요.

'~하고 싶어 해요'라는 뜻으로 대상이 화자 자신일 때는 「…たい」를 사용하고, 다른 사람일 때는 「…たがる」를 사용합니다. 동사처럼 과거형, 정중형, 현재 진행형 등으로 변형할 수 있습니다.

문장구조 　명사 ます형　 + 　たがっています

🐾 **STEP 1** 대화 속에서 만나보GO! Track 148-1

妹の誕生日プレゼントは買いましたか。
여동생의 생일 선물은 샀어요?

妹は新しいスマホを買いたがっています。
여동생은 새 스마트폰을 사고 싶어 해요.

🐾 **STEP 2** 패턴으로 연습하GO! Track 148-2

1 아내는 외식하고
싶어 해요.
▶ 妻は外食したがっています。

2 그는 애인과
헤어지고 싶어 해요.
▶ 彼は恋人と別れたがっています。

3 친구는 도쿄에
가고 싶어 해요.
▶ 友達は東京へ行きたがっています。

4 할머니는 손자를
보고 싶어 해요.
▶ お祖母さんは孫に会いたがっています。

JLPT N3
5 여동생은 선생님이
되고 싶어 해요.
▶ 妹は先生になりたがっています。

단어 妻 아내 | 恋人 애인 | 孫 손자

겨울은 운동 부족이 되기 쉬워요.

'~되기 쉬워요', '~경우가 많아요', '툭하면 ~해요'라는 뜻으로 주로 부정적인 경향이 되기 쉽다는 의미로 사용합니다.

문장구조 명사 ます형 / 명사 + がちです

🐾 STEP 1 대화 속에서 만나보GO! 🎧 Track 149-1

さいきん、さむ　で
最近、寒くて出かけません。
요즘 추워서 나가지 않아요.

ふゆ　うんどうぶそく
冬は運動不足になりがちです。
겨울은 운동 부족이 되기 쉬워요.

🐾 STEP 2 패턴으로 연습하GO! 🎧 Track 149-2

① 요즘 학교를 자주 쉬네요.
▶ さいきんがっこう　やす
最近学校を休みがちです。

② 실수라고 생각하기 쉬워요.
▶ まちが　おも
間違いだと思いがちです。

③ 여기 전철은 늦는 경우가 많아요.
▶ でんしゃ　おく
ここの電車は遅れがちです。

④ 주의하지 않으면 잊어버리기 쉬워요.
▶ ちゅうい　わす
注意しないと忘れがちです。

JLPT N3
⑤ 요시다 씨는 툭하면 약속을 잊어버려요.
▶ よしだ　やくそく　わす
吉田さんは約束を忘れがちです。

단어 まちが
間違い 실수, 오류

패턴 150 요즘에는 게임만 하고 있어요.

'~만 하고 있어요'라는 뜻으로 동사 て형 뒤에 쓰여 동일 행동을 지속하거나 반복하는 상태를 나타냅니다. 주로 부정적인 상황에서 사용하며, 상대방을 비난할 때도 사용할 수 있습니다.

문장구조 동사 て형 + てばかりです

 STEP 1 대화 속에서 만나보GO!　　　 Track 150-1

彼氏はゲームしてばかりです。
남자 친구는 게임만 하고 있어요.

それ困りますね。　그거 곤란하겠네요.

 STEP 2 패턴으로 연습하GO!　　　 Track 150-2

① 하루 종일 누워만 있어요. ▶ 一日中横になってばかりです。

② 일은 안 하고 수다만 떨고 있어요. ▶ サボって、喋ってばかりです。

③ 시험을 앞두고 놀기만 하고 있어요. ▶ 試験を前にして遊んでばかりです。

④ 밖에서 담배만 피우고 있어요. ▶ 外でタバコばかり吸ってばかりです。

JLPT N3
⑤ 우리 엄마는 요즘 화만 내요. ▶ うちの母は最近怒ってばかりです。

단어 困る 곤란하다, 고민하다 | 一日中 하루 종일 | 横 눕다 | サボる (일·학업을) 태만히 하다, 게으름 피우다 |
喋る 수다 떨다, 재잘거리다 | 前にする 앞두다

Chapter 4 확장 패턴　**199**

패턴 151

한참 시합하는 도중에 비가 내렸어.

'~하는 중에'라는 뜻으로 어떤 행동을 하는 도중에 갑자기 발생하는 상황에 대해 나타낼 때 주로 쓰는 표현입니다.

문장구조 동사 ている / 명사 の + ^{さいちゅう}最中に

😸 STEP 1 대화 속에서 만나보GO! 　🎧 Track 151-1

> ^{きのう}昨日シャワーの^{さいちゅう}最中に^じ地^{しん}震が^お起きました！
> 어제 한창 샤워 중에 지진이 일어났어요!

> えっ、^{たい}大^{へん}変でしたね！ 헉, 큰일이었네요!

🐾 STEP 2 패턴으로 연습하GO! 　🎧 Track 151-2

❶ ^と登^{ざん}山の^{さいちゅう}最中に^{おお}大^{あめ}雨が^{はじ}始まりました。
한창 등산 중에 폭우가 시작됐어요.

❷ ^{かい}会^ぎ議の^{さいちゅう}最中にアラームが^な鳴りました。
한창 회의 중에 알람이 울렸어요.

❸ ^{でん}電^わ話の^{さいちゅう}最中にバッテリーが^き切れました。
한창 통화하는 중에 배터리가 다 됐어요.

❹ ^{べんきょう}勉強している^{さいちゅう}最中にメッセージが^き来ました。
한창 공부하고 있는 중에 메시지가 왔어요.

❺ ^{さん}散^ぽ歩している^{さいちゅう}最中に、^{ぐうぜん}偶然、^し知り^あ合いに^あ会った。
JLPT N3 산책하는 중에 우연히 지인을 만났다.

단어 シャワー 샤워 | ^{とざん}登山 등산 | バッテリー 배터리 | ^き切れる 다 되다 | ^{ぐうぜん}偶然 우연히 | ^し知り^あ合い 지인

패턴 152

방이 먼지투성이야.

'~투성이'라는 뜻으로 명사 형태의 단어나 절 뒤에 쓰입니다. 주로 부정적인 상황에 쓰여 좋지 않은 이미지가 가득함을 나타냅니다.

문장구조 명사 형태 + だらけ

 STEP 1 대화 속에서 만나보GO! 🎧 Track 152-1

顔_{かお}がしわだらけだよ。どうしよう。
얼굴이 주름투성이야. 어떡하지?

え、全然_{ぜんぜん}そんなことないよ。 에, 전혀 그렇지 않아.

STEP 2 패턴으로 연습하GO! 🎧 Track 152-2

① 방이 쓰레기투성이에요.
▶ 部屋_{へや}がゴミだらけです。

② 부장님은 불만투성이세요.
▶ 部長_{ぶちょう}は不満_{ふまん}だらけです。

③ 요즘 안 좋은 일투성이에요.
▶ 最近_{さいきん}よくないことだらけです。

④ 이 지갑은 낡고 흠투성이에요.
▶ この財布_{さいふ}は古_{ふる}くて傷_{きず}だらけです。

JLPT N3
⑤ 이번 시험은 실수투성이였어요.
▶ 今回_{こんかい}の試験_{しけん}は間違_{まちが}いだらけでした。

단어 顔_{かお} 얼굴 | しわ 주름 | ゴミ 쓰레기 | 古_{ふる}い 낡다, 오래되다 | 傷_{きず} 흠, 상처

패턴 153

오사카 난바라는 곳에 갔어요.

'~라고 하는'이라는 뜻으로 동사나 명사에 대해 상대방에게 설명하는 경우에 쓸 수 있습니다.
「という」의 앞뒤로 같은 명사를 반복해서 쓰면 '모든 ~라는'과 같은 표현도 만들 수 있습니다.

문장구조 동사 보통형 / 명사 + という

🐾 **STEP 1** 대화 속에서 만나보GO!　　　　　　　🎧 Track 153-1

来年から給料が上がるという噂、聞きましたか。
내년부터 월급이 오른다는 소문 들었어요?

本当ですか。 정말요?

🐾 **STEP 2** 패턴으로 연습하GO!　　　　　　　🎧 Track 153-2

① 이건 매화라고 하는 꽃이에요.
▶ これは梅という花です。

② 오사카의 난바라는 곳에 갔어요.
▶ 大阪の難波という所へ行きました。

③ 우설이라는 음식을 먹어보고 싶어요.
▶ 牛タンという食べ物を食べてみたいです。

④ '히메'라는 영화, 본 적 있어요?
▶ 「姫」という映画、見たことありますか。

JLPT N3
⑤ 화재로 나무란 나무가 모두 타 버렸다.
▶ 火事で木という木が燃えてしまった。

단어 梅 매화 | 難波 난바(지명) | 牛タン 우설 | 火事 화재 | 木 나무 | 燃える 타다, 불길이 일다

패턴 154 연애란 타이밍도 중요해.

'~란', '~라는 것은'이란 뜻으로 단어의 의미를 설명하거나 화제로 언급할 때 쓰는 표현입니다.
구어체로는 「…って、っていうのは」, 문어체로는 「…とは」라고 표현하기도 합니다.

| 문장구조 | 동사・い형용사・な형용사 보통형 / 명사 | + | というのは |

STEP 1 대화 속에서 만나보GO! Track 154-1

「ぐぐる」というのはどんな意味(いみ)ですか。
'구구루'라는 건 어떤 의미예요?

グーグルで調(しら)べてみるということです。
구글에서 찾아본다는 거예요.

STEP 2 패턴으로 연습하GO! Track 154-2

① 결혼이라는 건
행복한 일이에요.
▶ 結婚(けっこん)というのは幸(しあわ)せなことです。

② 취준이라는 것은
취업활동이에요.
▶ 就活(しゅうかつ)というのは就職活動(しゅうしょくかつどう)のことです。

③ 연애라는 건
타이밍도 중요해요.
▶ 恋愛(れんあい)というのはタイミングも大事(だいじ)です。

④ 스타바라는 것은
스타벅스예요.
▶ スタバというのはスタバックスのことです。

JLPT N3
⑤ 미래라는 건
알 수 없는 일이에요.
▶ 未来(みらい)というのは分(わ)からないことです。

단어 意味(いみ) 의미 | グーグル 구글 | 就職(しゅうしょく) 취업 | 活動(かつどう) 활동 | タイミング 타이밍 | スタバックス 스타벅스 | 未来(みらい) 미래

패턴 155

유학생으로 일본에 왔어요.

'(~명목)으로', '(~입장, 자격)으로서'라는 뜻으로 신분, 입장, 자격 등을 나타냅니다. 「Aとして」
형태로 문어체와 구어체에서 모두 쓰입니다.

문장구조 **명사** + **として**

STEP 1 대화 속에서 만나보GO!

いつ日本に来ましたか。　언제 일본에 왔어요?

去年、留学生として日本に来ました。
작년에 유학생으로 일본에 왔어요.

STEP 2 패턴으로 연습하GO!

① 디자이너로
일하고 있습니다.
▶ デザイナーとして働いています。

② 부모로서 최선을
다하고 있어요.
▶ 親として最善を尽くしています。

③ 스마트폰을 알람으로
사용해요.
▶ スマホをアラームとして使います。

④ 도쿄바나나는
기념품으로 유명해요.
▶ 東京バナナは記念品として有名です。

JLPT N3
⑤ 대학의 대표로
참가했어요.
▶ 大学の代表として、参加しました。

단어 | 留学生 유학생 | デザイナー 디자이너 | 親 부모 | 最善 최선 | 尽きる 다하다, 바닥나다 | バナナ 바나나 | 代表 대표

204 GO! 독학 일본어 패턴 202

패턴 156 부모로서는 유학에 반대해요.

'~로서 말하자면', '~로서 판단하자면', '~보자면'이라는 뜻으로 주로 어떠한 사람, 조직, 그룹 등의 입장에 서서 말한다는 의미로 쓰입니다.

문장구조 명사 + としては

STEP 1 대화 속에서 만나보GO!

すず き
鈴木さん、帰国するそうです。 스즈키 씨 귀국한대요.

かれ   ほか   ほうほう   おも
彼としては他に方法がなかったと思います。
그로서는 다른 방법이 없었을 것 같아요.

STEP 2 패턴으로 연습하GO!

おや   りゅうがく
① 親としては、留学はやめてほしいよ。
부모로서는 유학은 그만뒀으면 좋겠어.

つま   わたし   あんぜん さいゆうせん
② 妻としては、私はあなたの安全が最優先です。
아내로서는 저는 당신의 안전이 최우선이에요.

わたし   きむら   いけん   さんせい
③ 私としては、木村さんの意見に賛成できない。
나로서는 기무라 씨의 의견에 찬성할 수 없어.

がっこう
④ 学校としては、アルバイトをしてもいいとは言えません。
학교로서는 아르바이트를 해도 좋다고는 말할 수 없습니다.

せんせい   がくせい さいご   がんば
⑤ 先生としては、学生が最後まで頑張ってほしいです。
JLPT N3 선생님으로서는 학생이 마지막까지 힘을 냈으면 좋겠어요.

ほか   さいゆうせん   いけん   さんせい   さいご
단어 他に 이외에, 그밖에, 달리 | 最優先 최우선 | 意見 의견 | 賛成 찬성 | 最後 최후, 마지막

패턴 157 주식이나 코인 같은 거 안 할 거야.

'~와 같은'이라는 뜻으로 언급된 명사와 비슷한 것을 예시로 두루두루 말할 때 사용합니다. '~따위'와 같이 비하하거나 얕잡아 표현할 때도 쓸 수 있습니다.

문장구조 　명사　 + 　なんか

STEP 1 대화 속에서 만나보GO!　　　　　🎧 Track 157-1

メニューはどうしましょうか。　메뉴는 어떻게 할까요?

イタリアンとかフレンチなんかどうですか。
이탈리아 요리나 프랑스 요리 같은 거 어때요?

STEP 2 패턴으로 연습하GO!　　　　　🎧 Track 157-2

① 식욕 따위
전혀 없어요.
▶ 食欲なんか全然ないです。

② 실패 따위
두렵지 않아요.
▶ 失敗なんか怖くないです。

③ 이제 주식이나 코인
같은 거 안 해요.
▶ もう株やコインなんかしません。

④ 취미로 경품 응모
같은 거 자주 해요.
▶ 趣味で景品の応募なんかよくします。

JLPT N3
⑤ 다도나 꽃꽂이
같은 거 어때요?
▶ 茶道や華道なんかどうですか。

단어 イタリアン 이탈리안, 이탈리아식의 | フレンチ 프렌치, 프랑스식의 | 食欲 식욕 | 株 주식 | コイン 코인 | 趣味 취미 |
景品 경품 | 応募 응모 | 茶道 다도 | 華道 꽃꽂이

여행 계획에 대해 설명할게요.

'~에 대해서', '~에 관해서'라는 뜻으로 명사 뒤에 쓰여 명사에 대해 말하는 경우에 씁니다. 비슷한 의미의 「…関して」보다 일상 회화에서 더 자주 사용합니다.

문장구조 명사 + について

🐾 STEP 1 대화 속에서 만나보GO!
Track 158-1

専攻は何ですか。　전공은 뭐예요?

日本の宗教について研究しています。
일본의 종교에 대해 연구하고 있어요.

🐾 STEP 2 패턴으로 연습하GO!
Track 158-2

❶ 협력사에 대해
소개했어요.
▶ 協力会社について紹介しました。

❷ 여행 계획에 대해
잠깐 설명할게요.
▶ 旅行計画について少し説明します。

❸ 이직에 대해서
선배와 상담했어요.
▶ 転職について先輩と相談しました。

❹ 게임 규칙에 대해
알고 싶어요.
▶ ゲームのルールについて知りたいです。

[JLPT N3]
❺ 등록 방법에 대해
자세히 알려주세요.
▶ 登録方法について詳しく教えてください。

단어　専攻 전공 | 宗教 종교 | 研究する 연구하다 | 協力会社 협력사 | 転職 이직 | 登録 등록 | 詳しい 자세히

패턴 159

수험생에게 체력은 중요해요.

'~에게', '~의 입장에서'라는 뜻으로 「AにとってB」의 형태로 쓰여 A에는 사람이나 단체와 같은 명사 형태의 단어를 쓰고, B에는 주관적인 판단이나 평가와 같은 내용을 씁니다.

문장구조 명사 + にとって

STEP 1 대화 속에서 만나보GO! Track 159-1

 これ、捨ててもいいですか。 이거 버려도 돼요?

それは私にとって大切なものです。
그건 저에게 소중한 거예요.

STEP 2 패턴으로 연습하GO! Track 159-2

① 쇼핑은 내게 가장
큰 행복이에요.
▶ 買い物は私にとって最大の幸せです。

② AI는 우리 생활에
꼭 필요해요.
▶ AIは私たちの生活にとって必ず必要です。

③ 수험생에게 체력은
매우 중요해요.
▶ 受験生にとって、体力はとても重要です。

④ 학생에게 한자는
어려운 부분이에요.
▶ 学生にとって、漢字は難しいところです。

JLPT N3
⑤ 환경 문제는 인류에게
심각한 문제예요.
▶ 環境問題は人類にとって、深刻な問題です。

단어 最大 가장 큼, 최대 | 受験生 수험생 | 環境問題 환경 문제 | 人類 인류 | 深刻だ 심각하다

160 아이는 물론 어른도 즐길 수 있어요.

'~은 물론'이라는 뜻으로 해당 명사는 당연히 포함되고 그 외의 것 또한 포함됨을 나타냅니다. 「A
はもちろんBも」 형태로 쓰여 'A는 물론 B도'라는 뜻을 나타낼 수 있습니다.

 문장
구조 | 명사 | + | はもちろん |

 STEP 1 대화 속에서 만나보GO!   Track 160-1

> ドラえもん、最近人気ですね。 도라에몽, 요즘 인기네요.
> _{さい きん にん き}

> 子供はもちろん、大人も十分楽しめますから。
> _{こ ども}　　　　　_{おとな}　_{じゅうぶん たの}
> 아이는 물론 어른도 충분히 즐길 수 있으니까요.

STEP 2 패턴으로 연습하GO!   Track 160-2

❶ 週末はもちろん、平日も練習します。
　_{しゅうまつ}　　　　　_{へい じつ}　_{れんしゅう}
　주말은 물론 평일에도 연습해요.

❷ ご飯はもちろん、コーヒーまでおごります。
　_{はん}
　밥은 물론 커피까지 살게요.

❸ 花はもちろん、プレゼントも用意しました。
　_{はな}　　　　　　　　　　_{よう い}
　꽃은 물론 선물도 준비했어요.

❹ レストランはもちろん、カフェも混雑します。
　　　　　　　　　　　　　　_{こん ざつ}
　레스토랑은 물론 카페도 혼잡해요.

❺ 掃除はもちろん、洗濯もしなければならない。
　_{そう じ}　　　　　_{せん たく}
JLPT
N3　청소는 물론 빨래도 해야 해.

단어 ドラえもん 도라에몽(일본의 만화 캐릭터) | 大人 어른 | 用意 준비, 채비
　　　　　　　　　　　　　　　_{おとな}　　_{よう い}

다툼을 계기로 헤어졌어요.

'~을 계기로'라는 뜻으로 명사 뒤에 쓰여 어떠한 행동이나 상황을 발생하도록 만든 결정적인 원인 및 기회를 나타낼 때 쓰는 표현입니다.

문장구조 | 명사 + がきっかけで

🐾 **STEP 1** 대화 속에서 만나보GO!　　　　　　　　　　　🎧 Track 161-1

なんかありましたか。　무슨 일 있었어요?

かのじょ
彼女との喧嘩がきっかけで、別れてしまいました。
여자 친구와 다툼을 계기로 헤어졌어요.

🐾 **STEP 2** 패턴으로 연습하GO!　　　　　　　　　　　🎧 Track 161-2

① にゅういん
入院がきっかけで、思う存分休んだ。
입원을 계기로 마음껏 쉬었다.

② りょこう
旅行がきっかけで、悩みが解決した。
여행을 계기로 고민이 해결되었다.

③ SNSがきっかけで、食品通販をした。
SNS가 계기가 되어 식품을 인터넷 주문했다.

④ ごう
合コンがきっかけで、付き合いました。
미팅을 계기로 사귀게 되었어요.

⑤ いちまい　しゃしん
一枚の写真がきっかけで、人生が変った。
한 장의 사진을 계기로 인생이 바뀌었다.

JLPT N3

단어 思う存分 마음껏, 실컷 | 通販 인터넷 판매 | 一枚 (종이, 화폐 등) 한 장 | 人生 인생 | 変る 바뀌다, 변하다

태어나서 처음 디즈니랜드에 가요.

'~해서 처음으로', '~하고나서 비로소'라는 뜻으로 예를 들어 어떠한 경험을 계기로 몰랐던 것을 비로소 알게 되는 경우에 쓸 수 있습니다.

문장구조　　동사 て형　+　てはじめて

🐾 **STEP 1**　대화 속에서 만나보GO!　　🎧 Track 162-1

生(う)まれてはじめてディズニーランドに行(い)きます。
태어나서 처음으로 디즈니랜드에 가요.

私(わたし)も行(い)ってみたいですね。　저도 가보고 싶네요.

🐾 **STEP 2**　패턴으로 연습하GO!　　🎧 Track 162-2

❶ 日本(にほん)に来(き)てはじめて富士山(ふじさん)を見(み)ました。
　일본에 와서 처음으로 후지산을 봤어요.

❷ 生(う)まれてはじめて馬肉(ばにく)を食(た)べました。
　태어나서 처음으로 말고기를 먹었어요.

❸ 入社(にゅうしゃ)してはじめて賞(しょう)をもらいました。
　입사해서 처음으로 상을 받았어요.

❹ 抗議(こうぎ)してはじめて、許可(きょか)が出(で)ました。
　항의하고 나서야 허가가 났어요.

❺ 入院(にゅういん)してはじめて、健康(けんこう)の大切(たいせつ)さを思(おも)い知(し)った。
　JLPT N3　입원 후에야 건강의 소중함을 깨달았다.

단어　馬肉(ばにく) 말고기 | 入社(にゅうしゃ)する 입사하다 | 賞(しょう) 상, 상품 | 抗議(こうぎ)する 항의하다 | 許可(きょか) 허가 | 思(おも)い知(し)る 깨닫다, 통감하다

패턴 163

일본에서 일하려면 어떤 비자가 필요해요?

'~하기 위해서', '~하려면'이라는 뜻으로 「A에는B」의 형태로 쓰여 A라는 목적을 이루기 위해서는 B라는 행동이 필요하다는 것을 나타낼 수 있습니다.

문장구조 | 동사 사전형 | + | には |

🐾 **STEP 1** 대화 속에서 만나보GO!

に ほん　　はたら　　　　　　　　　　　　ひつ よう
日本で働くにはどんなビザが必要でしょうか。
일본에서 일하려면 어떤 비자가 필요할까요?

しゅうろう　　　　　ひつ よう
就労ビザが必要です。　취업 비자가 필요해요.

🐾 **STEP 2** 패턴으로 연습하GO!

① 접수하려면
신분증이 필요합니다.
▶ うけ つけ　　　　　　み ぶんしょうめい しょ　ひつ よう
受付するには、身分証明書が必要です。

② 합격하려면
어떻게 하면 돼요?
▶ ごう かく
合格するには、どうすればいいですか。

③ 집을 사려면
저축해야 돼요.
▶ いえ　か　　　　　　　ちょ きん
家を買うには、貯金しないといけません。

④ 역까지 가려면
어떻게 가야 해요?
▶ えき　　い　　　　　　　　い
駅まで行くには、どう行ったらいいですか。

JLPT N3
⑤ 등록하려면
패스워드가 필요해요.
▶ とう ろく　　　　　　　　　　　　　　　ひつ よう
登録するには、パスワードが必要です。

단어 ビザ 비자 | しゅうろう就労 취업, 취로(노동에 종사함) | うけつけ受付する 접수하다 | み ぶんしょうめいしょ身分証明書 신분증

패턴
164

사람에 따라 다르니까요.

「Aによって」 형태로 쓰여 '~에 의해', '~로 인한'이라는 뜻으로 원인, 근거, 수단을 나타내거나
'~에 따라'와 같이 상황에 따라 달라지는 것을 나타낼 때 주로 쓰입니다.

문장
구조 | 명사 | + | によって

STEP 1 대화 속에서 만나보GO!

 Track 164-1

この曲、なんで人気なんでしょうかね。
이 노래, 왜 인기있는 걸까요?

人によって好みが違いますからね。
사람에 따라서 취향이 다르니까요.

STEP 2 패턴으로 연습하GO!

 Track 164-2

① 태풍으로 인해
비행기가 연착했어요.
▶ 台風によって飛行機が延着しました。

② 사람에 따라
사고방식이 달라요.
▶ 人によって考え方が違います。

③ 계절에 따라
제철 음식이 있어요.
▶ 季節によって旬の物があります。

④ 학교에 따라
교복 특징이 있어요.
▶ 学校によって制服の制徴があります。

JLPT N3
⑤ 지역에 따라서
물가가 다릅니다.
▶ 地域によって物価が異なります。

단어 曲 노래, 음악, 곡 | 延着する 연착하다 | 考え方 사고방식 | 旬の物 제철 음식 | 制服 교복 | 特徴 특징 | 地域 지역 |
異なる 다르다

패턴 165

데이트 앱을 통해서 만났어요.

'~을 통해서'라는 뜻으로 매개, 수단, 방법 등을 나타냅니다. 「を通して」는 보다 적극적이고 능동적인 뉘앙스이며, 「を通じて」는 다소 딱딱한 표현으로 뉴스, 보고서 등에 주로 쓰입니다.

문장구조　명사　+　を通して / を通じて

🐾 STEP 1　대화 속에서 만나보GO!

 Track 165-1

これデートアプリですか。　이거 데이트 앱이에요?

ええ。アプリを通じて人に出会えます。
네. 앱을 통해서 다른 사람과 만날 수 있어요.

🐾 STEP 2　패턴으로 연습하GO!

 Track 165-2

❶ 部活を通して友達を作りました。
동아리 활동을 통해 친구를 사귀었어요.

❷ ヨガを通して心身が安定しました。
요가를 통해 심신이 안정됐어요.

❸ 私とハナさんは、山田さんを通して知り合った。
나와 하나 씨는 야마다 씨를 통해 알게 되었다.

❹ SNSを通じて外国人と友達になれます。
SNS를 통해서 외국인과 친구가 될 수 있어요.

❺ 日本語の勉強を通じて日本の文化を学びました。
[JLPT N3] 일본어 공부를 통해 일본 문화를 배웠어요.

단어 出会う (우연히) 만나다 ｜ 部活 동아리 활동 ｜ 心身 심신 ｜ 安定 안정 ｜ 知り合う 서로 알(게 되)다 ｜ 外国人 외국인 ｜ 文化 문화 ｜ 学ぶ 배우다, 공부하다

패턴 166 야근할 수밖에 없네.

'~밖에 없다'라는 뜻으로 「Aしかない」의 형태로 쓰여 A 외에는 다른 방법이나 선택지가 없는 경우를 나타냅니다.

문장구조 [동사 기본형] + [しかない]

🐾 STEP 1 대화 속에서 만나보GO! 🎧 Track 166-1

明日の会議の準備は順調？
내일 회의 준비는 잘 되고 있어?

いや、今日は残業するしかない。
아니, 오늘은 야근할 수밖에 없어.

🐾 STEP 2 패턴으로 연습하GO! 🎧 Track 166-2

① 마지막까지
할 수밖에 없어.
▶ 最後までやるしかない。

② 곧 여름이라
살 빼는 수밖에 없어.
▶ もうすぐ夏だから痩せるしかない。

③ 계약 만료라
이사하는 수밖에 없어.
▶ 契約満了だから引っ越すしかない。

④ 감기에 걸려서,
여행을 포기할 수밖에 없어.
▶ 風邪をひいて、旅行を諦めるしかない。

JLPT N3
⑤ 건강 문제로
휴학할 수밖에 없어.
▶ 健康問題で、休学するしかない。

단어 順調 순조로움 | 満了 만료 | 休学する 휴학하다

지금까지 배운 패턴을 연습 문제를 통해 복습해 보세요.

TEST 1 녹음을 듣고 말하며 빈칸 채워보기!

🎧 Track 166-3

1 妹は先生になり ＿＿＿＿＿＿＿＿＿＿＿＿＿＿＿。

2 大阪の難波 ＿＿＿＿＿＿＿＿＿＿＿ 所へ行きました。

3 就活 ＿＿＿＿＿＿＿＿＿＿＿、就職活動のことです。

TEST 2 한국어 해석에 알맞은 일본어 문장 고르기!

1 규칙에 대해 알고 싶어요.

❶ ルールにとって知りたいです。
❷ ルールについて知りたいです。

2 뉴스를 통해 들었어요.

❶ ニュースを通じて聞いた。
❷ ニュースを通して聞いた。

TEST 3 빈칸에 들어갈 알맞은 패턴을 골라 연결하기!

1 着物の魅力 [　　　　]。 ・

기모노의 매력에 빠졌어요.

・a だらけ

2 部屋がゴミ [　　　　] です。 ・

방이 쓰레기투성이에요.

・b しかない

3 最後までやる [　　　　]。 ・

마지막까지 할 수밖에 없어.

・c にハマっています

그림을 보고, 단어를 활용하여 대화 완성하기!

Ⓐ 겨울은 운동 부족이 되기 쉬워. ＊<ruby>運動<rt>うんどう</rt></ruby><ruby>不足<rt>ぶそく</rt></ruby> 운동 부족

_____

Ⓑ 운동은 물론 식단도 중요해. ＊<ruby>献立<rt>こんだて</rt></ruby> 식단

_____

TEST 5 제시된 단어를 보고, 배운 패턴을 활용하여 문장 만들기!

1 대학에 따라 특징이 있어요.

_____

HINT <ruby>大学<rt>だいがく</rt></ruby> 대학 | <ruby>特徴<rt>とくちょう</rt></ruby> 특징

2 태어나서 처음으로 술을 마셨어요.

_____

HINT <ruby>生<rt>う</rt></ruby>まれる 태어나다 | <ruby>お酒<rt>さけ</rt></ruby> 술 | <ruby>飲<rt>の</rt></ruby>む 마시다

3 한 번의 시험을 계기로 인생이 바뀌었어요.

_____

HINT <ruby>一回<rt>いっかい</rt></ruby> 한 번 | <ruby>試験<rt>しけん</rt></ruby> 시험 | <ruby>人生<rt>じんせい</rt></ruby> 인생 | <ruby>変<rt>か</rt></ruby>わる 변하다

4 맛있는 음식은 내게 가장 큰 행복이에요.

_____

HINT <ruby>食<rt>た</rt></ruby>べ<ruby>物<rt>もの</rt></ruby> 음식 | <ruby>最大<rt>さいだい</rt></ruby> 가장 큰 | <ruby>幸<rt>しあわ</rt></ruby>せ 행복

이제 결과를 기다리는 수밖에 없어요.

'~수밖에 없어요'라는 뜻으로 다른 방법이나 선택지가 없을 때 사용합니다. 앞서 학습한 「…しか ない」와 비슷하게 쓰이지만 조금 더 격식을 차린 표현입니다.

문장 구조 동사 기본형 + ほかないです

STEP 1 대화 속에서 만나보GO!

 Track 167-1

めん せつ　ぶ じ　お
面接は無事に終わりましたか。　면접은 무사히 끝났어요?

けっ か　ま
はい。もう結果を待つほかないです。
네. 이제 결과를 기다리는 수밖에 없어요.

STEP 2 패턴으로 연습하GO!

 Track 167-2

① 상사의 지시에
따를 수밖에 없어요. ▶ じょう し　　し じ　　したが
上司の指示に従うほかないです。

② 이런 태도라면
화낼 수밖에 없어요. ▶ たい ど　　おこ
こんな態度なら怒るほかないです。

③ 이건 낡아서
버릴 수밖에 없어요. ▶ ふる　　す
これは古くて捨てるほかないです。

④ 연락이 없어서
기다릴 수밖에 없어요. ▶ れん らく　　ま
連絡がないので、待つほかないです。

JLPT N3
⑤ 이번 여행은
취소할 수밖에 없어요. ▶ こん かい　　りょ こう
今回の旅行はキャンセルするほかないです。

단어 し じ
指示 지시 | したが
従う 따르다 | たい ど
態度 태도

GO! 독학 일본어 패턴 202

패턴 168

이제 더 이상 기다릴 수는 없어요.

'~하고 있을 수는 없어요'라는 뜻으로 어떠한 이유로 언급한 상태를 유지하고 있을 수는 없다는
의미를 나타냅니다.

문장구조 | 동사 て형 | + | てはいられないです |

🐾 STEP 1 대화 속에서 만나보GO!

 Track 168-1

_{おそ} _{い じょう ま}
遅いですね。これ以上待ってはいられないです。
늦네요. 더는 기다릴 수 없어요.

_{さき} _い
先に行きましょうか。 먼저 갈까요?

🐾 STEP 2 패턴으로 연습하GO!

 Track 168-2

① 무턱대고 거절할
순 없어요.
▶ むやみに断ってはいられないです。
_{ことわ}

② 여행 가서 일하고
있을 순 없어요.
▶ 旅行に行って働いてはいられないです。
_{りょ こう} _い _{はたら}

③ 언제까지 침울해
있을 순 없어요.
▶ いつまでも落ち込んではいられないです。
_{お こ}

④ 시험이라서 놀고
있을 순 없어요.
▶ 試験だから、遊んではいられないです。
_{し けん} _{あそ}

JLPT N3
⑤ 도저히 슬퍼서 보고
있을 수가 없어요.
▶ とても悲しくて見てはいられないです。
_{かな} _み

단어 これ以上 더는, 더 이상 | むやみに 무턱대고, 터무니없이 | 断る 거절하다 | いつまでも 언제까지나 |
_{い じょう} _{ことわ}
とても 도저히, 아무리 해도, 매우 | 悲しい 슬프다
_{かな}

패턴 169 건강이 걱정되면 담배를 끊어야 해요.

'~해야 해요'라는 뜻으로 앞의 말을 강조하며 조언하거나 충고하는 경우에 쓰입니다. 다소 단정적인 어감이라 가급적 자신보다 윗사람에게는 사용하지 않는 것이 좋습니다.

| 문장구조 | 동사 사전형 / 동사 ない형 | + | ことです |

STEP 1 대화 속에서 만나보GO!

けんこうしんだん けっか わる
健康診断の結果が悪いです。　건강검진 결과가 나빠요.

けんこう しんぱい
健康が心配なら、タバコをやめることです。
건강이 걱정되면 담배를 끊어야 해요.

STEP 2 패턴으로 연습하GO!

① 아침밥은 꼭 챙겨 먹어야 해요.

あさ はん かなら た
▶ 朝ご飯は必ず食べることです。

② 집에 오면 손을 씻어야 해요.

いえ かえ て あら
▶ 家に帰ったら手を洗うことです。

③ 일단 식단 관리를 해야 해요.

しょくじ かんり
▶ まずは食事管理をすることです。

④ 도서관에서는 조용히 해야 해요.

と しょかん しず
▶ 図書館では、静かにすることです。

JLPT N3
⑤ 절약하려면 외식하지 말아야 해요.

せつやく がいしょく
▶ 節約するには、外食をしないことです。

けんこうしんだん せつやく
단어　健康診断 건강검진 | 節約 절약

패턴 170

보험료를 줄여야 합니다.

'~해야 해요', '~하는 것이 당연해요'라는 뜻으로 의무를 나타내는 표현입니다. 주로 사회적으로나 상식적으로 당연한 것에 대해 상대방에게 조언할 때 사용합니다.

 문장구조

| 동사 사전형 | + | べきです |

STEP 1 대화 속에서 만나보GO!　　　　Track 170-1

最近、保険料が高すぎます。　요즘 보험료가 너무 비싸요.

そうですね。保険料を減らすべきです。
맞아요. 보험료를 줄여야 해요.

STEP 2 패턴으로 연습하GO!　　　　Track 170-2

① 다른 사람의 말을 잘 들어야 해요.
▶ 他人の話をよく聞くべきです。

② 연장자에게는 경어를 사용해야 해요.
▶ 年上には敬語を使うべきです。

③ 자신의 판단을 믿어야 해요.
▶ 自分の判断を信じるべきです。

④ 폐를 끼쳤으면 사과해야 해요.
▶ 迷惑を掛けたら謝るべきです。

JLPT N3
⑤ 우선, 계획부터 세워야 해요.
▶ まず、計画から立てるべきです。

단어　保険料 보험료 | 減らす 줄이다 | 敬語 경어 | 判断 판단 | 迷惑を掛ける 폐를 끼치다

겉모습으로는 알 수 없는 법이에요.

'~하는 법이에요'라는 뜻으로 「Aものだ」의 형태로 쓰여 A의 본질에 대해서 말하거나, 상식에 반하는 행동에 대한 주의, 충고를 나타낼 수 있습니다.

문장구조   동사 기본형 · ない형 / い형용사 기본형 / な형용사 な   +   ものです

🐾 **STEP 1** 대화 속에서 만나보GO!   Track 171-1

> 発表<ruby>はっぴょう</ruby>しましたが、すごく緊張<ruby>きんちょう</ruby>しました。
> 발표했는데 엄청 긴장했어요.

> 初<ruby>はじ</ruby>めは誰<ruby>だれ</ruby>でも緊張<ruby>きんちょう</ruby>するものです。
> 처음에는 누구나 긴장하는 법이에요.

🐾 **STEP 2** 패턴으로 연습하GO!   Track 171-2

① 원래 거짓말은
힘든 법이에요.
▶ 元々<ruby>もともと</ruby>嘘<ruby>うそ</ruby>は難<ruby>むずか</ruby>しいものです。

② 누구나 야근은
싫은 법이에요.
▶ 誰<ruby>だれ</ruby>でも、残業<ruby>ざんぎょう</ruby>は嫌<ruby>いや</ruby>なものです。

③ 돈을 빌렸으면
갚아야 하는 법입니다.
▶ お金<ruby>かね</ruby>は借<ruby>か</ruby>りたら、返<ruby>かえ</ruby>すものです。

④ 겉모습으로는
알 수 없는 법이에요.
▶ 見<ruby>み</ruby>た目<ruby>め</ruby>だけでは分<ruby>わ</ruby>からないものです。

JLPT N3
⑤ 부모는 아이를
잘 돌봐야 하는 법이에요.
▶ 親<ruby>おや</ruby>は子供<ruby>こども</ruby>の面倒<ruby>めんどう</ruby>をちゃんと見<ruby>み</ruby>るものです。

단어 元々<ruby>もともと</ruby> 원래 | 借<ruby>か</ruby>りる 빌리다 | 返<ruby>かえ</ruby>す 반납하다 | 見<ruby>み</ruby>た目<ruby>め</ruby> 겉보기 | 面倒<ruby>めんどう</ruby>を見<ruby>み</ruby>る 돌봐주다 | ちゃんと 잘, 제대로

패턴
172

레시피를 볼 필요도 없어요.

'~할 필요도 없어요', '~할 것까지도 없어요'라는 뜻으로 '말할 필요도 없어요'처럼 어떤 행동을 할 정도까지의 상황이 아님을 나타내는 경우에 주로 쓰입니다.

문장구조 동사 기본형 + 마데모나이데스

STEP 1 대화 속에서 만나보GO!   Track 172-1

焼きそばの作り方、知っていますか。
야키소바 만드는 법 알아요?

もちろんです。レシピを見るまでもないです。
물론이죠. 레시피를 볼 필요도 없어요.

STEP 2 패턴으로 연습하GO!   Track 172-2

① 간을 볼 필요도 없어요. ▶ 味見をするまでもないです。

② 더는 말할 필요도 없어요. ▶ これ以上言うまでもないです。

③ 선생님께 확인할 필요도 없어요. ▶ 先生に確認するまでもないです。

④ 종합 검진을 받을 필요도 없어요. ▶ 人間ドックを受けるまでもないです。

JLPT N3
⑤ 가까워서 차로 갈 필요도 없어요. ▶ 近いので、車で行くまでもないです。

단어 作り方 만드는 법 | 味見 간/맛을 봄 | 確認する 확인하다 | 人間ドック 종합 건강 검진

패턴
173

그렇게 서두를 필요 없어요.

'~할 것 없어요', '~할 필요 없어요'라는 뜻으로 '너무 신경 쓸 필요 없어', '걱정할 필요 없어'와 같이
상대방에게 조언이나 충고할 때 주로 쓰입니다.

문장구조 　동사 사전형　 ＋ 　ことはないです

STEP 1 대화 속에서 만나보GO!　　　　　　　　　　　　　🎧 Track 173-1

> どうしよう。レポートまだ終わってない。
> 어떡해. 리포트 아직 다 안 끝났어.

> まだ時間があるから、慌てることはないです。
> 아직 시간이 있으니까 서두를 필요는 없어요.

STEP 2 패턴으로 연습하GO!　　　　　　　　　　　　　🎧 Track 173-2

① 억지로 먹을 필요는 없어요. ▶ 無理に食べることはないです。

② 어렵게 생각할 필요는 없어요. ▶ 難しく考えることはないです。

③ 하나하나 설명할 필요는 없어요. ▶ 一つ一つ説明することはないです。

④ 그의 말을 신경 쓸 필요는 없어요. ▶ 彼の言葉を気にすることはないです。

JLPT N3
⑤ 아무것도 걱정할 필요는 없어요. ▶ 何も心配することはないです。

단어 慌てる 서둘러 ~하다, 허둥대다 | 無理に 억지로, 무리하게 | 言葉 말, 이야기 | 一つ一つ 하나하나 |
気にする 신경 쓰다, 마음에 두다

패턴 174

분명히 열려 있을 거예요.

'~일 거예요'라는 뜻으로 화자가 어느 정도 객관적 근거와 강한 확신을 가지고 '분명히 ~할 것이다'와 같은 뉘앙스로 추측할 때 쓸 수 있습니다.

 문장구조   동사·い형용사 보통형 / な형용사 (だ)な / 명사 の   +   はずです

...... だ는 빼고 연결!

🐾 **STEP 1** 대화 속에서 만나보GO!   🎧 Track 174-1

> スタバ、営業しているでしょうか。
>
> 스타벅스 영업하고 있을까요?

> もう午前11時だから、開いているはずです。
>
> 이미 오전 11시니까, 분명 열려 있을 거예요.

🐾 **STEP 2** 패턴으로 연습하GO!   🎧 Track 174-2

① 일요일은 쉬는
날일 거예요.
▶ 日曜日は休みのはずです。

② 어제 보낸 짐은
내일 도착할 거예요.
▶ 昨日送った荷物は明日着くはずです。

③ 그는 바빠서
오늘 안 올 거예요.
▶ 彼は忙しいから、今日来ないはずです。

④ 리나 씨라면 분명히
알아줄 거예요.
▶ 里奈さんなら、分かってくれるはずです。

JLPT N3
⑤ 우승팀이니까,
분명히 강할 거예요.
▶ 優勝チームだから、強いはずです。

단어   営業する 영업하다 | 午前 오전 | 開く 열리다, 시작(영업)하다 | 強い 강하다, 세다, 잘하다

Chapter 4 확장 패턴   **225**

패턴 175 집에 없을 리가 없어요.

'~할 리가 없어요'라는 뜻으로 화자가 객관적 근거와 강한 확신을 가지고 추측할 때 쓸 수 있습니다. 가능성을 완전히 부정하는 강한 부정 표현입니다.

문장구조 동사·い형용사 보통형 / な형용사 だ な / 명사 の + はずがないです

···· だ는 빼고 연결!

🐾 **STEP 1** 대화 속에서 만나보GO! 🎧 Track 175-1

家に行ったけど、誰もいなかったです。
집에 갔는데, 아무도 없었어요.

え、里奈さんが家にいないはずがないです。
응? 리나 씨가 집에 없을 리가 없어요.

🐾 **STEP 2** 패턴으로 연습하GO! 🎧 Track 175-2

① 사장님이 실수했을 리가 없어요. ▶ 社長がミスしたはずがないです。

② 스즈키 씨가 포기할 리가 없어요. ▶ 鈴木さんが諦めるはずがないです。

③ 그가 술을 마셨을 리가 없어요. ▶ 彼がお酒を飲んだはずがないです。

④ 과장님이 일을 그만둘 리가 없어요. ▶ 課長が仕事を辞めるはずがないです。

JLPT N3
⑤ 수지가 나를 속일 리가 없어요. ▶ スジが私を騙すはずがないです。

단어 騙す 속이다

패턴 176

주말이니 붐빌 만하죠.

'~한 거죠', '그래서 ~예요'라는 뜻으로 어떤 결과에 대해 충분히 납득할 수 있는 상황이나 이유가 있는 경우에 그 이유를 근거삼아 말할 때 쓰는 표현입니다.

문장구조

동사・い형용사 보통형 / な형용사 ~~だ~~ な / 명사 な ＋ わけです

だ는 빼고 연결!

STEP 1 대화 속에서 만나보GO! Track 176-1

鈴木(すずき)さん、大学(だいがく)に合格(ごうかく)したらしいです。
스즈키 씨, 대학에 합격했대요.

ああ！それで、ずっと笑顔(えがお)なわけですね。
아아! 그래서 계속 웃는 얼굴인 거네요.

STEP 2 패턴으로 연습하GO! Track 176-2

① 週末(しゅうまつ)だから、混雑(こんざつ)なわけです。
주말이니까 혼잡한 거예요.

② プロだったから、ダンスがうまいわけです。
프로였으니까 춤을 잘 추는 거예요.

③ 大変(たいへん)な時間(じかん)を過(す)ごしたから今幸(いまましあわ)せなわけです。
힘든 시간을 보냈기 때문에 지금 행복한 거예요.

④ 毎日(まいにち)5時間(じかん)も勉強(べんきょう)したから、合格(ごうかく)したわけです。
매일 5시간이나 공부했기 때문에 합격한 거예요.

⑤ 山田(やまだ)さんは料理(りょうり)を習(なら)ったから、料理(りょうり)が上手(じょうず)なわけです。

JLPT N3

야마다 씨는 요리를 배웠기 때문에 요리를 잘하는 거예요.

단어 笑顔(えがお) 웃는 얼굴 | プロ 프로 | ダンス 춤, 댄스 | うまい 잘하다, 솜씨가 좋다 | 過(ご)す 보내다, 지내다

역전 가능할 리가 없어요.

'~할 리가 없어요'라는 뜻으로 주로 납득할 수 있는 상황이나 이유가 있을 때 이를 언급하며 불가능할 것임을 나타낼 때 씁니다. 「…はずがないです」와 바꿔 쓸 수 있습니다.

문장구조

| 동사・い형용사 보통형 / な형용사 (だ) な / 명사 の | **+** | わけがないです |

… だ는 빼고 연결!

STEP 1 대화 속에서 만나보GO!

かんこく
韓国チームが勝つかもしれませんよ！
한국팀이 이길지도 몰라요!

ぎゃくてん
逆転できるわけがないです。　역전 가능할 리가 없어요.

STEP 2 패턴으로 연습하GO!

① 2Gの携帯が売れるわけがないです。
2G 휴대 전화가 팔릴 리가 없어요.

② 吉田さん、彼女がいないわけがないです。
요시다 씨, 여자 친구가 없을 리가 없어요.

③ 仲の良かった二人なのに別れるわけがないです。
사이 좋던 두 사람인데 헤어졌을 리가 없어요.

④ こんなに晴れているのに、雨が降るわけがないです。
이렇게 맑은데, 비가 올 리 없어요.

⑤ こんなに重い荷物を一人で運べるわけがないです。
JLPT N3 이렇게 무거운 짐을 혼자서 옮길 수 있을 리가 없어요.

단어 逆転 역전 | 携帯 휴대 전화, 휴대 | 売れる (잘) 팔리다 | 仲 사이, 관계

먼저 갈 수는 없어.

'~할 수는 없어'라는 뜻으로 어떠한 행동이 화자의 자발적인 의지나 능력과는 상관없이 외부 환경에 의한 것임을 나타낼 때 쓸 수 있습니다.

문장구조 | 동사 사전형 / 동사 ない형 **+** わけにはいかない

🐾 **STEP 1** 대화 속에서 만나보GO! Track 178-1

先_{さき}に帰_{かえ}って！私_{わたし}はまだ仕事_{しごと}が残_{のこ}っている。
먼저 가! 나는 아직 일이 남아 있어.

先_{さき}に帰_{かえ}るわけにはいかない。 먼저 갈 순 없어.

🐾 **STEP 2** 패턴으로 연습하GO! Track 178-2

❶ 仕事_{しごと}だから、やらないわけにはいかない。
일이니까 안 할 수가 없어.

❷ 大雨_{おおあめ}なので今出発_{いましゅっぱつ}するわけにはいかない。
폭우라서 지금 출발할 순 없어.

❸ 人_{ひと}のものをむやみに使_{つか}うわけにはいかない。
남의 것을 함부로 쓸 순 없어.

❹ そんなに危_{あぶ}ないことをするわけにはいかない。
그렇게 위험한 일은 할 수 없어.

❺ 明日試験_{あしたしけん}なので、休_{やす}むわけにはいかない。
JLPT N3 내일 시험이니까 쉴 수는 없어.

단어 残_{のこ}る 남다, (뒤에) 머무르다 | むやみに 함부로

179

틀림없이 합격할 거예요.

'틀림없이 ~할 거야', '~임이 틀림없어'라는 뜻으로 화자가 강한 확신을 가지고 추측한 것에 대해 상대방에게 말할 때 쓰는 표현입니다.

문장구조

동사・い형용사 보통형 / な형용사 (だ) / 명사	+	に違いない

だ는 빼고 연결!

STEP 1 대화 속에서 만나보GO! Track 179-1

明日、いよいよ面接結果の発表です。
내일 드디어 면접 결과 발표네요.

合格するに違いないです。 틀림없이 합격할 거예요.

STEP 2 패턴으로 연습하GO! Track 179-2

① 마에다 씨는 부자임이 틀림없어.
▶ 前田さんはお金持ちに違いない。

② 이 상품은 잘 팔릴 게 틀림없어.
▶ この商品はよく売れるに違いない。

③ 어제도 틀림없이 밤새 술 마셨을 거예요.
▶ 昨日も飲み明かしたに違いないです。

④ 늦게 자서 틀림없이 내일 힘들 거예요.
▶ 遅く寝たので、明日大変に違いないです。

JLPT N3
⑤ 그는 틀림없이 시간대로 올 거예요.
▶ 彼は時間どおりに来るに違いないです。

단어 お金持ち 부자 | 商品 상품 | 飲み明かす 밤새도록 술을 마시다 | …どおりに ~그대로

패턴 180

어제 말했잖아.

'~잖아'라는 뜻으로 일상 회화에서 주로 상대방에게 어떤 사실을 확인하거나 자신의 의견을 강조하여 말하는 경우에 쓰는 표현입니다.

문장구조

동사 · い형용사 보통형 / な형용사 (だ) / 명사	+	じゃん

だ는 빼고 연결!

STEP 1 대화 속에서 만나보GO! 🎧 Track 180-1

今日ジム行く日なの？ 오늘 헬스장 가는 날이야?

昨日言ったじゃん。 어제 말했잖아.

STEP 2 패턴으로 연습하GO! 🎧 Track 180-2

① 전에 약속했잖아.
▶ この前、約束したじゃん。

② 줄 선 사람이
엄청 많잖아.
▶ 並んでる人が凄く多いじゃん。

③ 화해할 좋은
기회잖아.
▶ 仲直りするいいチャンスじゃん。

④ 디자인은 요사다 씨가
제일 잘하잖아.
▶ デザインは吉田さんが一番上手じゃん。

JLPT N3
⑤ 스스로 하지 않으면
의미 없잖아.
▶ 自分でやらないと意味ないじゃん。

단어 この前 이전, 요전 | 仲直りする 화해하다 | チャンス 기회, 찬스 | デザイン 디자인

오후부터 맑아진대.

「って」가 명사 뒤에 쓰이면 '~라고', '~라는'이란 뜻이며, 문장 마지막에 쓰이면 '~라고 해', '~래'라는 뜻입니다. 다른 사람으로부터 들은 이야기를 전달할 때 쓰는 「…という」의 구어체 표현입니다.

문장구조 | 명사 / 문장 | + | って |

STEP 1 대화 속에서 만나보GO!   🎧 Track 181-1

明日の授業、休みだって。
내일 수업 휴강이래.

そうなの。よかった。
그래? 잘됐다.

STEP 2 패턴으로 연습하GO!   🎧 Track 181-2

① 이건 뭐라고 읽어요?   ▶ これって何と読みますか。

② 연애는 이렇게 어려운 거야?   ▶ 恋愛ってこんなに難しいの？

③ 무리라면 무리라고 말해 줘.   ▶ 無理なら無理って言ってよ。

④ 공석이 생기면 알려달래.   ▶ 空席が出来たら知らせてほしいって。

JLPT N3
⑤ 오후부터 맑아진대.   ▶ 午後から晴れるって。

단어 空席 공석 | 出来る (일·무엇이) 생기다 | 晴れる 맑아지다, 개다

패턴 182 소문에 의하면, 둘이 사귄대요.

'~에 의하면'이라는 뜻으로 다른 사람에게 들은 소식이나 객관적인 정보의 출처를 말할 때 쓰는 표현입니다. 주로 '~라고 한다'라는 뜻의 「…らしい、そうだ」와 함께 쓰입니다.

문장구조 | 명사 | + | によると |

🐾 STEP 1 대화 속에서 만나보GO! 🎧 Track 182-1

先生の話によると、試験は難しくなるらしいです。
선생님 말씀에 따르면, 시험이 어려워진다고 해요.

ああ…本当嫌ですね。 아아… 정말 싫네요.

🐾 STEP 2 패턴으로 연습하GO! 🎧 Track 182-2

❶ 天気予報によると、今週はずっと雨だそうです。
일기예보에 의하면, 이번 주는 계속 비라고 해요.

❷ ナビによると、その道は混雑しているそうです。
내비게이션에 따르면, 그 길은 혼잡하다고 해요.

❸ 噂によると、あの二人は付き合っているそうです。
소문에 의하면, 저 두 사람은 사귀고 있다고 해요.

❹ 部長の話によると、年俸交渉があるそうです。
부장님 말씀에 따르면, 연봉 협상이 있을 거라고 해요.

❺ 医者によると、お酒よりタバコの方が体に悪いらしい。

JLPT N3 의사에 의하면, 술보다 담배가 몸에 안 좋다고 한다.

단어 ナビ 내비게이션 | 年俸交渉 연봉 협상

패턴 183 마감이 다가올수록 초조하네요.

'~할수록 ~한다'라는 뜻으로 「AにつれてB」의 형태로 쓰여 A가 변화함에 따라 B도 마찬가지로 변화한다는 뉘앙스를 나타내는 표현입니다.

문장구조 | 동사 사전형 / 명사 | ＋ | につれて |

 Track 183-1

STEP 1 대화 속에서 만나보GO!

締め切りが近づくにつれて、イライラします。
마감이 다가올수록 초조해요.

大丈夫です。うまくいけます。 괜찮아요. 잘 될 거예요.

 Track 183-2

STEP 2 패턴으로 연습하GO!

❶ 年をとるにつれて、顔にしわが増えていく。
나이들수록 얼굴에 주름이 늘어간다.

❷ 病気の回復につれて、食欲も戻ってきている。
병의 회복에 따라 식욕도 돌아오고 있다.

❸ 物価が上がるにつれて、生活費が増えていきます。
물가가 오름에 따라 생활비가 늘어나요.

❹ 長い付き合いにつれて、その人がもっと好きになります。
오래 만날수록 그 사람이 더 좋아져요.

❺ 暖かくなるにつれて、花の数が増えていく。

JLPT N3 따뜻해지면서 꽃의 수가 늘어간다.

단어 近づく 다가오다 | イライラする 초조하다, 짜증나다 | 年をとる 나이를 먹다 | 病気 병 | 回復 회복 | 戻る 되돌아오다(가다) | 生活費 생활비 | 数 수

패턴 184

유학이라고 해도 2주예요.

'~라고 해도'라는 뜻으로 「AといってもB」형태로 쓰여 A라고 말하긴 해도 실제로는 일반적인 생각과 달리 B함을 나타낼 수 있습니다.

문장구조 | 동사・い형용사・な형용사 보통형 / 명사 | + | といっても

🐾 **STEP 1** 대화 속에서 만나보GO! 🎧 Track 184-1

8月に留学行きますか。 8월에 유학가요?

あ…留学といっても2週間だけです。
아…유학이라고 해도 2주뿐이에요.

🐾 **STEP 2** 패턴으로 연습하GO!

① 社長といっても、社員は三人しかいない。
사장이라고 해도 직원은 3명 밖에 없다.

---

② 世界1位の企業といっても、完璧ではない。
세계 1위 기업이라고 해도 완벽한 건 아니다.

---

③ 宝くじに当たったといっても、家も買えません。
복권에 당첨됐다고 해도 집도 못 사요.

---

④ 仕事がきついといっても、前の会社ほどではない。
일이 힘들다고 해도 예전 회사만큼은 아니다.

---

⑤ 研究といっても、そんなに立派なものじゃないです。
JLPT N3
연구라고 해도 그렇게 훌륭한 건 아니에요.

단어 | だけ ~뿐, ~만 | 社員 직원 | 世界 세계 | …位 ~위(순위) | 完璧だ 완벽하다 | 立派だ 훌륭하다

다시 말해 신발을 신으면 안 된다는 거네요.

'~라는 거예요'라는 뜻으로 「Aということだ」형태로 쓰여 듣거나 읽은 내용의 의미 혹은 상황에 대해 이해한 것을 다시 한 번 정리해서 말할 때 쓸 수 있습니다.

문장구조	동사・い형용사・な형용사 보통형(현재형だ) / 명사(だ)	+	ということです

STEP 1 대화 속에서 만나보GO!　

「土足禁止」と書いていますね。 '토족금지'라고 써 있네요.

靴を履いてはいけないということですね。
신발을 신으면 안 된다는 거네요.

STEP 2 패턴으로 연습하GO!　

① 私が言いたいことは、結婚しようということです。
제 말은 결혼하자는 거예요.

② つまり、事前に備えなければならないということです。
다시 말해, 미리 대비해야 한다는 거예요.

③ 天気予報によると、明日は雪が降るということです。
일기예보에 의하면, 내일은 눈이 내린다고 합니다.

④ 有名でも、必ずしも美味しくはないということですね。
유명해도 반드시 맛있지는 않다는 거예요.

⑤ つまり、全員参加ということですね。
다시 말해, 전원 참가라는 거예요.

JLPT N3

단어 土足 신발을 신은 발 | つまり 다시 말해, 즉 | 事前に 미리, 사전에 | 備える 대비하다 | 全員 전원

가마쿠라의 얼굴 같은 문화유산이에요.

'~하는/라는 듯한'이라는 뜻으로 「AというようなB」 형태로 쓰여 명사인 B를 A에 비유하며 묘사할 때 쓰는 표현입니다.

문장구조	동사・い형용사・な형용사 보통형(현재형 な) / 명사	+	というような

STEP 1 대화 속에서 만나보GO!   Track 186-1

鈴木さん、昇進するんだって！ 스즈키 상, 승진한다던데!

でも彼は「何で」というような表情でした。
근데 그는 '왜?'라는 듯한 표정이었어요.

STEP 2 패턴으로 연습하GO!   Track 186-2

❶ この仏像は鎌倉の顔というような文化遺産です。
이 불상은 가마쿠라의 얼굴과 같은 문화 유산입니다.

❷ あの教授は「厳しい」というような噂があります。
저 교수님은 '엄하다'는 듯한 소문이 있어요.

❸ 子供は「気になる」というような表情をよくします。
어린아이는 '궁금해'라는 듯한 표정을 자주 지어요.

❹ うちのわんちゃんは「嬉しい」というような顔でした。
우리 강아지는 '기뻐'라는 듯한 얼굴이었어요.

❺ 音楽心理治療というような分野に興味があります。
<small>JLPT N3</small> 음악 심리 치료와 같은 분야에 흥미가 있어요.

단어 でも 근데, 그렇지만 | 表情 표정 | 仏像 불상 | 文化遺産 문화 유산 | 心理 심리 | 分野 분야

지금까지 배운 패턴을 연습 문제를 통해 복습해 보세요.

TEST 1 녹음을 듣고 말하며 빈칸 채워보기!

Track 186-3

1 とても悲^{かな}しくて見^み _____。

2 誰^{だれ}でも、残業^{ざんぎょう}は嫌^{いや}な _____。

3 山田^{やま だ}さんが仕事^{し ごと}を辞^やめる _____。

TEST 2 한국어 해석에 알맞은 일본어 문장 고르기!

1 주말은 쉬어야 해요.

❶ 週末^{しゅうまつ}は休^{やす}むべきです。

❷ 週末^{しゅうまつ}は休^{やす}むはずです。

2 간을 볼 필요도 없어.

❶ 味見^{あじ み}をするまでもない。

❷ 味見^{あじ み}することはない。

TEST 3 빈칸에 들어갈 알맞은 패턴을 골라 연결하기!

1 もう結果^{けっ か}を待^まつ [   ]。   •   • a [ことです]

이제 결과를 기다리는 수밖에 없어요.

2 朝^{あさ}ごはんは必^{かなら}ず食^たべる [   ]。 •   • b [ほかないです]

아침밥은 꼭 챙겨 먹어야 해요.

3 味見^{あじ み}をする [   ]。   •   • c [までもないです]

간을 볼 필요도 없어요.

TEST 4 그림을 보고, 단어를 활용하여 대화 완성하기!

A 야마다 씨, 헤어졌대요.　＊別れる 헤어지다

_____

B 두 사람은 분명 다시 만날 거예요.　＊付き合う 사귀다

_____

TEST 5 제시된 단어를 보고, 배운 패턴을 활용하여 문장 만들기!

1 억지로 공부할 필요는 없어요.

_____

HINT 無理やり 억지로 ｜ 勉強する 공부하다

2 휴일이니까 혼잡한 거예요.

_____

HINT 休日 휴일 ｜ 混雑だ 혼잡하다

3 두 사람이 헤어졌을리가 없어요.

_____

HINT 二人 두 사람 ｜ 別れる 헤어지다

4 공부가 힘들다고 해도 대학원만큼은 아니다.

_____

HINT 大変だ 힘들다 ｜ 大学院 대학원

패턴 187 목이 아파서 물조차 마실 수가 없어.

'~조차'라는 뜻으로 「Aさえ」의 형태로 쓰여 '다른 것은 물론이고 A조차'라는 뉘앙스를 나타낼 수 있습니다. 주로 부정적인 상황일 때 쓰입니다.

문장구조 명사 **+** さえ

STEP 1 대화 속에서 만나보GO!

> のどが痛くて水さえ飲めない。
> 목이 아파서 물조차 마실 수 없어.

> 大丈夫？ 病院には行ってみたの？ 괜찮아? 병원에는 가 봤어?

STEP 2 패턴으로 연습하GO!

① 料理が苦手で、ラーメンさえ作られない。
요리가 서툴러서, 라면도 못 만들어.

② 寝坊したせいで歯磨きさえできなかった。
늦잠자서 양치조차 못 했어.

③ 来週が出張なのに、ホテルの予約さえしていない。
다음 주가 출장인데 호텔 예약조차 안 했어.

④ 悪くなった状況に肯定的な私さえ耐えられなかった。
나빠진 상황에 긍정적인 나조차 견디기 어려웠다.

⑤ 家族にさえ何も言わずに急に外国へ行った。
JLPT N3 가족에게조차 말도 없이 갑자기 외국으로 갔다.

단어 のど 목 | 苦手だ 서툴다 | 歯磨(き) 양치, 이를 닦음 | 状況 상황 | 肯定 긍정 | 耐える 견디다, 참다

패턴 188

스마트폰만 있으면 예약 가능해요.

'~만 ~하면'이라는 뜻으로 「AさえすればⅠ/さえあればB」 형태로 쓰여 'A라는 조건만 갖춰지면 B하다'라는 전제 조건을 나타낼 수 있습니다.

| 문장구조 | 동사 ます형 / い형용사·な형용사 연결형 / 명사 | + | さえすれば / さえあれば |

 STEP 1 대화 속에서 만나보GO! 🎧 Track 188-1

今日もテレワークですか。 오늘도 재택 근무예요?

ええ。パソコンさえあれば、どこでも仕事ができます。 네. 노트북만 있으면 어디서든 일을 할 수 있어요.

 STEP 2 패턴으로 연습하GO! 🎧 Track 188-2

① 스마트폰만 있으면 예약 가능해요.
▸ スマホさえあれば、予約できます。

② 예쁘기만 하면 비싸도 돼요.
▸ きれいでさえあれば高くてもいいです。

③ 수술만 하면 이 병은 나을 거예요.
▸ 手術さえすれば、この病気は治ります。

④ 하려는 의지만 있으면 돼요.
▸ やろうとする意志さえあればいいです。

⑤ 틈만 나면 만화를 읽고 있어요.
JLPT N3
▸ 暇でさえあれば漫画を読んでいます。

단어 手術 수술 | 治る 낫다, 치료되다 | 意志 의지

패턴 189 신주쿠역에서 갈아타면 돼요.

'~하면 돼요'라는 뜻으로 다른 사람에게 권유, 제안, 조언할 때 쓰는 표현입니다. 또는 '~면 좋겠어요'라는 뜻으로 희망이나 바람 등을 나타내는 상황에서도 쓸 수 있습니다.

문장구조 동사 가정형 + ばいいです

STEP 1 대화 속에서 만나보GO!

 Track 189-1

にいがた ゆ しんかんせん の
新潟行きの新幹線はどこで乗ればいいですか。
니가타행 신칸센은 어디서 타면 돼요?

ばん の
3番ホームで乗ればいいです。 3번 홈에서 타면 됩니다.

STEP 2 패턴으로 연습하GO!

 Track 189-2

① 신주쿠역에서 갈아타면 돼요.
しんじゅくえき の か
▶ 新宿駅で乗り換えればいいです。

② 이 화면을 터치하시면 돼요.
が めん
▶ この画面をタッチすればいいです。

③ 월급이 오르면 좋겠네요.
きゅうりょう あ
▶ 給料が上がればいいですね。

④ 키가 조금만 더 크면 좋겠어요.
せ すこ たか
▶ 背がもう少しだけ高ければいいですね。

JLPT N3
⑤ 신청서는 사무실에 내면 돼요.
しん せい しょ じ む しつ だ
▶ 申請書は事務室に出せばいいです。

단어 …番 ~번 | ホーム 홈, 플랫폼 | 乗り換える 갈아타다 | タッチ 터치 | 申請書 신청서 | 事務室 사무실 |
だ
出す 내다, 내놓다

패턴 190

우산 갖고 올 걸 그랬어요.

'~할 걸 그랬어'라는 뜻으로 이미 지나가버린 일에 대해서 실망이나 아쉬움, 안타까움, 후회 등을 나타낼 때 쓰는 표현입니다.

문장구조 [동사 가정형] + [ばよかった]

🐾 STEP 1 대화 속에서 만나보GO!   Track 190-1

昨日(きのう)行(い)ったかわいいカフェ、また行(い)きたいね。
어제 간 예쁜 카페, 또 가고 싶네.

うん。写真(しゃしん)をもっと撮(と)ればよかった。
응. 사진을 더 찍을 걸 그랬어.

🐾 STEP 2 패턴으로 연습하GO!   Track 190-2

① 우산을 가져올 걸 그랬어. ▶ 傘(かさ)を持(も)ってくればよかった。

② 전화번호를 물어볼 걸 그랬어. ▶ 電話番号(でんわばんごう)を聞(き)けばよかった。

③ 부모님 말씀을 들을 걸 그랬어. ▶ 両親(りょうしん)の言(い)うことを聞(き)けばよかった。

④ 더 꼼꼼하게 준비할 걸 그랬어. ▶ もっと几帳面(きちょうめん)に準備(じゅんび)すればよかった。

JLPT N3
⑤ 미리 공부할 걸 그랬어. ▶ 前(まえ)もって勉強(べんきょう)すればよかった。

단어 電話番号(でんわばんごう) 전화번호 | 几帳面(きちょうめん) 꼼꼼하다 | 前(まえ)もって 미리, 앞서, 사전에

패턴 191

이제 와서 말해도 소용없어요.

'~해도 소용없어', '어쩔 수 없어'라는 뜻으로 「Aてもしょうがない」 형태로 쓰여 설령 A하더라도 (결과를 바꾸기 힘든) 어쩔 수 없는 상황임을 나타낼 수 있습니다.

문장구조 | 동사 て형 / い형용사 연결형 / な형용사 어간 / 명사 | + | てもしょうがない

🐾 **STEP 1** 대화 속에서 만나보GO! Track 191-1

先生、明日、宿題を提出してもいいですか。
선생님, 내일 숙제를 제출해도 될까요?

今更言ってもしょうがないですね。今日までです。　이제 와서 말해도 소용없어요. 오늘까지예요.

🐾 **STEP 2** 패턴으로 연습하GO! Track 191-2

① 후회해도
어쩔 수 없어.
▶ 後悔してもしょうがない。

② 이제 와서 공부해도
소용없어.
▶ 今更勉強してもしょうがない。

③ 저렴하니까 맛없어도
어쩔 수 없어.
▶ 安いから、まずくてもしょうがない。

④ 옷이 마음에 안 들어도
어쩔 수 없어.
▶ 服が気に入らなくてもしょうがない。

JLPT N3
⑤ 여기서 기다려도
소용없어요.
▶ ここで待ってもしょうがないです。

단어 今更 이제 와서 | 後悔する 후회하다

만나보면 어때요?

'~하면 어때요?'라는 뜻으로 동사 た형 뒤에 쓰여 상대방에게 무언가 제안하거나 조언할 때 쓸 수 있는 표현입니다.

문장구조 동사 た형 + たらどうですか

 STEP 1 대화 속에서 만나보GO! Track 192-1

元カレから連絡が来ました。
전 남자 친구한테서 연락이 왔어요.

一度会ってみたらどうですか。
한번 만나보면 어때요?

 STEP 2 패턴으로 연습하GO! Track 192-2

❶ 약을 먹는 게 어때요? ▶ 薬を飲んだらどうですか。

❷ 일단 시도해 보는 게 어때요? ▶ 一応試したらどうですか。

❸ 빨리 돌아가서 자는 게 어때요? ▶ 早く帰って寝たらどうですか。

❹ 전문가와 상담하면 어때요? ▶ 専門家に相談したらどうですか。

JLPT N3
❺ 선물이라도 사는 게 어때요? ▶ プレゼントでも買ったらどうですか。

단어 一応 일단, 어떻든, 우선 | 試す 시도해 보다, 시험해 보다 | 専門家 전문가

패턴 193

출산 휴가를 쓸 수 있게 해 줘요.

'~하게 해 줘요'라는 뜻으로 화자가 어떤 행동을 할 수 있도록 상대방이 허락하거나 도와주는 경우에 쓰며, 주로 그에 대한 고마움이 담겨 있습니다.

| 문장구조 | 동사 사역형 | + | (さ)せてくれます |

Track 193-1

STEP1 대화 속에서 만나보GO!

うちの会社は産休を使わせてくれます。
우리 회사는 출산 휴가를 쓰게 해 줘요.

それいいですね。 그거 좋네요.

STEP2 패턴으로 연습하GO!

Track 193-2

❶ 両親は私に留学させてくれました。
부모님은 제게 유학을 보내주셨어요.

❷ 終わったら先に行かせてくれました。
끝나면 먼저 가게 해 줬어요.

❸ しばらくパソコンを使わせてくれました。
잠시 컴퓨터를 쓰게 해 줬어요.

❹ カフェの店員さんが、電話を使わせてくれた。
카페 점원분이 전화를 쓰게 해 주었어.

❺ 自分の分まで食べさせてくれました。
본인 몫까지 먹게 해 줬어요.

JLPT N3

단어 産休 출산 휴가(出産休暇의 준말) | 分 몫

패턴 194 고급 회를 먹게 해 주었어요.

'~하겠어요', '~하게 해 주었어요'라는 뜻으로 동사의 사역형과 수수표현 「もらう」이 합쳐진 표현입니다. 화자가 어떤 행동을 할 때 상대방의 용인이 있다는 뉘앙스를 내포합니다.

문장구조 동사 사역형 + (さ)せてもらいます

STEP 1 대화 속에서 만나보GO!   Track 194-1

昨日の飲み会はどうでしたか。 어제 회식은 어땠어요?

社長に高いお刺身を食べさせてもらいました。
사장님이 비싼 회를 먹게 해 주었어요.

STEP 2 패턴으로 연습하GO!   Track 194-2

① 내일까지 제출하겠습니다.
▶ 明日まで提出させてもらいます。

② 안내 메일을 보내겠습니다.
▶ 案内メールを送らせてもらいます。

③ 빌려준 책, 소중히 읽을게.
▶ 貸してくれた本、大切に読ませてもらうね。

④ 부모님이 자취하게 해 주었어요.
▶ 両親に、一人暮らしさせてもらいました。

[JLPT N3]
⑤ 짐을 벤치에 두게 해 주었다.
▶ 荷物をベンチに置かせてもらった。

단어 案内 안내 | ベンチ 벤치

포장해 주실 수 있을까요?

상대방에게 정중하게 부탁할 때 쓰는 표현 중 하나로, 정중하게 돌려서 '~해 주시면 좋겠습니다 만…' 정도로 해석할 수 있습니다.

문장 구조 | 동사 て형 + ていただきたいんですが

STEP 1 대화 속에서 만나보GO! Track 195-1

残(のこ)ったものは包(つつ)んでいただきたいんですが。
남은 건 포장해 주실 수 있을까요?

はい。少々(しょうしょう)お待(ま)ちください。　네. 잠시만 기다려 주세요.

STEP 2 패턴으로 연습하GO! Track 195-2

① 迎(むか)えに来(き)ていただきたいんですが…。
데리러 와 주시면 좋겠습니다만….

② 作文(さくぶん)の宿題(しゅくだい)を見(み)ていただきたいんですが。
작문 숙제를 봐주실 수 있을까요?

③ 30分(ふん)だけ早(はや)く終(お)えていただきたいんですが…。
30분만 일찍 끝내주시면 좋겠습니다만….

④ 砂糖(さとう)を半分(はんぶん)だけ入(い)れていただきたいんですが…。
설탕을 반만 넣어주시면 좋겠습니다만….

⑤ 書類(しょるい)を郵便(ゆうびん)で送(おく)っていただきたいんですが…。
JLPT N3 서류를 우편으로 보내주시면 좋겠습니다만….

단어 包(つつ)む 포장하다, 싸다 | 迎(むか)えに来(き)る 데리러 오다 | 作文(さくぶん) 작문 | 半分(はんぶん) 반, 절반 | 郵便(ゆうびん) 우편

패턴 196

일어나자마자 현기증 났어요.

'~하자마자'라는 뜻으로 「Aたとたん(に)」 형태로 쓰여 A가 끝나자마자 뒤이어서 다른 상황이나 행동이 시작됨을 나타낼 때 쓸 수 있습니다.

문장구조 동사 た형 + たとたん(に)

STEP 1 대화 속에서 만나보GO! 　🎧 Track 196-1

どうしたの。ビショビショだね！
무슨 일이야? 흠뻑 젖었네!

家から出たとたんに大雨が降ってきた。
집에서 나오자마자 폭우가 쏟아졌어.

STEP 2 패턴으로 연습하GO! 　 Track 196-2

❶ 言ったとたんに大笑いになりました。
말하자마자 웃음이 터졌어요.

❷ 立ち上がったとたんにめまいがした。
일어나자마자 현기증이 났다.

❸ 会ったとたんに一目惚れしてしまいました。
만나자마자 첫눈에 반해버렸어요.

❹ 家族の写真を見たとたんに泣いちゃった。
가족 사진을 보자마자 울어버렸다.

❺ 到着したとたんにとても緊張してきました。
JLPT N3
도착하자마자 무척 긴장됐어요.

단어 ビショビショ 흠뻑 젖은 모양 | 大笑い 큰 소리로 웃음 | めまいがする 현기증이 나다 | 一目惚れ 첫눈에 반함

패턴 197

몇 번이고 다시 썼어요.

'다시 ~하다'라는 뜻으로 동사 뒤에 쓰여 다시 반복해서 그 행동을 하는 경우를 나타낼 수 있습니다. 주로 이전 결과에 대해 만족하지 않아 다시 반복하는 경우를 말합니다.

문장구조 동사 ます형 + 直す^{なお}

🐾 STEP 1 대화 속에서 만나보GO! Track 197-1

発表^{はっぴょう}の準備^{じゅんび}はうまくいっている？

발표 준비는 잘 되어가?

発表^{はっぴょう}の内容^{ないよう}を何度^{なんど}も読^よみ直^{なお}している。

발표 내용을 몇 번이고 다시 읽고 있어.

🐾 STEP 2 패턴으로 연습하GO! 🎧 Track 197-2

① 한 번 더, 다시 해!
▶ もう一度^{いちど}、やり直^{なお}して！

② 제가 다시 전화하겠습니다.
▶ 私^{わたし}から電話^{でんわ}をかけ直^{なお}します。

③ 계약서를 다시 검토해 주세요.
▶ 契約書^{けいやくしょ}を検討^{けんとう}し直^{なお}してください。

④ 이력서를 다시 제출해도 되나요?
▶ 履歴書^{りれきしょ}を提出^{ていしゅつ}し直^{なお}してもいいですか。

JLPT N3
⑤ 메일을 다시 보내주세요.
▶ メールを送^{おく}り直^{なお}してください。

단어 もう一度^{いちど} 한 번 더, 다시 한 번 | 電話^{でんわ}をかける 전화를 걸다 | 契約書^{けいやくしょ} 계약서 | 履歴書^{りれきしょ} 이력서

고등학생 때부터 쓰기 시작했어요.

'~하기 시작하다'라는 뜻으로 동사 뒤에 쓰여 동작의 개시를 나타내는 표현입니다. 돌발적인 느낌의 「出_だす」에 비해 동작이 서서히 시작된다는 뉘앙스입니다.

문장구조 　동사 ます형　+　始_{はじ}める

 STEP 1 대화 속에서 만나보GO!　　　　　🎧 Track 198-1

最近_{さいきん}、健康_{けんこう}のためにジムに通_{かよ}い始_{はじ}めました。
최근에 건강을 위해 헬스장에 다니기 시작했어요.

いいですね。　좋네요.

STEP 2 패턴으로 연습하GO!　　　　　🎧 Track 198-2

❶ 벚꽃이 피기 시작했어요.
▶ 桜_{さくら}が咲_さき始_{はじ}めました。

❷ 조금씩 행복해지기 시작했어요.
▶ 少_{すこ}しずつ幸_{しあわ}せになり始_{はじ}めました。

❸ 점점 불만을 말하기 시작했어요.
▶ どんどん不満_{ふまん}を言_いい始_{はじ}めました。

❹ 요즘 머리카락이 빠지기 시작했어요.
▶ 最近_{さいきん}、髪_{かみ}の毛_けが抜_ぬけ始_{はじ}めました。

JLPT N3
❺ 최근, 영어 회화를 배우기 시작했어요.
▶ 最近_{さいきん}、英会話_{えいかいわ}を習_{なら}い始_{はじ}めました。

단어 桜_{さくら} 벚꽃, 벚나무 | 咲_さく (꽃이) 피다 | どんどん 점점, 자꾸 | 髪_{かみ}の毛_け 머리카락 | 抜_ぬける 빠지다, 뽑히다

TV 켜둔 채 잠들어버렸어요.

'~한 채'라는 뜻으로 동사 뒤에 쓰여 어떠한 행동이 끝난 뒤에 그 상태 그대로 둔 경우를 나타냅니다. 주로 부정적이고 바람직하지 않은 상태를 설명할 때 사용합니다.

문장
구조 | 동사 ます형 | + | っぱなし

🐾 **STEP 1** 대화 속에서 만나보GO!

 Track 199-1

靴下を脱ぎっぱなしにして怒られました。
양말을 벗은 채로 둬서 혼났어요.

やっぱり一人暮らしが楽ですよ。
역시 혼자 사는 게 편해요.

🐾 **STEP 2** 패턴으로 연습하GO!

  Track 199-2

① 창문을 활짝 연 채로 여행 갔다. ▶ 窓を開けっぱなしで旅行いった。

② 사탕을 문 채로 졸아버렸다. ▶ 飴玉を含みっぱなしで居眠りした。

③ TV를 켜둔 채 잠들어 버렸다. ▶ テレビをつけっぱなしで寝てしまった。

④ 지퍼를 연 채로 돌아다녔다. ▶ チャックを開けっぱなしで回りました。

[JLPT N3]
⑤ 자전거를 역에 둬서 도난당했다. ▶ 自転車を駅に置きっぱなしにして、盗まれた。

단어 | 靴下 양말 | 楽だ 편하다, 수월하다 | 含 (입에) 물다, 머금다 | チャック 지퍼 | 盗まれる 도난당하다, 도둑맞다

언제까지였지?

'~였지?', '~였나?'라는 뜻으로 확실하게 기억하지 못하는 것이나 잊어버린 것을 확인하며 물어볼 때 구어체로 쓸 수 있는 표현입니다.

문장구조 동사・い형용사・な형용사 보통형 / 명사 だ + っけ

STEP 1 대화 속에서 만나보GO! 　　　　　　　　　　　　　🎧 Track 200-1

レポートの締め切り、いつまでだっけ？
리포트 마감, 언제까지였지?

今日までじゃん！ 오늘까지잖아!

STEP 2 패턴으로 연습하GO! 　　　　　　　　　　　　　🎧 Track 200-2

① 세일, 언제까지였지?
▶ セール、いつまでだっけ？

② 스마트폰, 어디에 뒀었지?
▶ スマホ、どこに置いたっけ？

③ 그 식당, 어디 근처였지?
▶ あの食堂、どこの近所だっけ？

④ 이번 시험 다음 주 화요일이었나?
▶ 今度のテスト来週の火曜日だっけ？

JLPT N3
⑤ 학교에서 역까지 가까웠었나?
▶ 学校から駅まで近かったっけ？

단어 近所 근처, 이웃집

🐾 지금까지 배운 패턴을 연습 문제를 통해 복습해 보세요.

TEST 1 녹음을 듣고 말하며 빈칸 채워보기!　　　　　　🎧 Track 200-3

1 家族_{か ぞく}に _____ 何_{なに}も言_いわずに急_{きゅう}に外国_{がいこく}へ行_いった。

2 スマホ _____ あれ _____、予約_{よ やく}できます。

3 作文_{さくぶん}の宿題_{しゅくだい}を見_み _____ 。

TEST 2 한국어 해석에 알맞은 일본어 문장 고르기!

---

1 맛없어도 어쩔 수 없어.

❶ まずいでもしょうがない。

❷ まずくてもしょうがない。

---

2 약을 먹는 게 어때요?

❶ 薬_{くすり}を飲_のめばいいですか。

❷ 薬_{くすり}を飲_のんだらどうですか。

TEST 3 빈칸에 들어갈 알맞은 패턴을 골라 연결하기!

1 給料_{きゅうりょう}が上_あがれ [　　　　]。　・　　・**a** 直_{なお}してください

월급이 오르면 좋겠네요.

2 前_{まえ}もって勉強_{べんきょう}すれ [　　　　]。　・　　・**b** ばいいですね

미리 공부할 걸 그랬어.

3 メールを送_{おく}り [　　　　]。　・　　・**c** ばよかった

메일을 다시 보내주세요.

그림을 보고, 단어를 활용하여 대화 완성하기!

Ⓐ 일어나자마자 현기증이 났어요.

* めまいがする 현기증이 나다

_____

Ⓑ 병원에 가 보는 게 어때요?

* 病院 병원
　びょういん

_____

TEST 5 제시된 단어를 보고, 배운 패턴을 활용하여 문장 만들기!

1 본인 몫까지 먹게 해 주었어요.

_____

HINT **本人の分** 본인 몫
　　　ほんにん　ぶん

2 청구서를 보내겠습니다.

_____

HINT **請求書** 청구서 | **送る** 보내다
　　　せいきゅうしょ　　　おく

3 오늘 아침부터 눈이 내리기 시작했어요.

_____

HINT **今朝** 오늘 아침 | **雪** 눈 | **降る** 내리다
　　　けさ　　　　　ゆき　　　ふ

4 리포트 제출 마감 언제까지였지?

_____

HINT レポート 리포트 | **提出** 제출 | **締め切り** 마감
　　　　　　　　　ていしゅつ　　　し　き

🔖 빈칸을 채우며 지금까지 학습한 101~200패턴을 복습해 보세요.

101 学生の＿＿＿＿＿、インターンシップをしたいです。

학생 때 인턴십을 하고 싶어요.

102 冬休みの＿＿、運転免許を取りました。

겨울 방학에 운전 면허를 땄어요.

103 皆さんの応援の＿＿＿＿＿＿、優勝できました。

여러분들의 응원 덕분에 우승할 수 있었어요.

104 頭痛の＿＿＿＿＿、集中できなかったです。

두통 때문에 집중할 수 없었어요.

105 彼は歌が下手な＿＿＿＿＿、歌を歌います。

걔는 노래를 못하면서 노래를 불러요.

106 点数が悪かった＿＿＿＿、合格できなかった。

점수가 나빠서 합격하지 못했다.

107 この薬は食事の＿＿＿＿、飲んでください。

이 약은 식사 전에 복용하세요.

108 面接＿＿＿＿＿、すごく緊張しました。

면접을 앞두고 매우 긴장했어요.

109 30代＿＿＿＿＿アンケートをしました。

30대를 중심으로 설문 조사했어요.

110 大阪＿＿＿＿京都＿＿＿＿＿、雨が降りました。

오사카에서 교토에 걸쳐 비가 내렸어요.

111 地震が起こっ_____、停電になった。

지진이 난 후 정전이 됐다.

112 イベントは三日間_____行われます。

이벤트는 3일간에 걸쳐 진행되었습니다.

113 誰でも知っている_____有名です。

누구라도 알고 있을 정도로 유명해요.

114 家_____駅_____遠いですか。

집에서 역까지 멀어요?

115 先生が来る_____掃除しておこう。

선생님이 오실 때까지 청소해 두자.

116 遠足は考える_____ドキドキします。

소풍은 생각만 해도 두근두근해요.

117 同窓会に参加する_____。

동창회에 참석할 예정이에요.

118 レポートを出しに行く_____。

리포트를 제출하러 갈 생각이에요.

119 全部覚えるのは無理_____。

다 외우는 것은 당연히 무리겠지요.

120 先生と相談し_____、進学しないことにしました。

선생님과 상담한 결과, 진학하지 않기로 했어요.

121 明日はお客さんが来る＿＿＿＿＿＿＿＿＿＿＿＿＿。

내일은 손님이 올지도 몰라요.

122 物価が上がる＿＿＿＿＿＿＿＿＿＿＿＿＿。

물가가 오를 거라고 생각했어요.

123 来週から梅雨入りする＿＿＿＿＿＿＿。

다음 주부터 장마라고 해요.

124 いつもより元気がない＿＿＿＿＿＿＿＿。

평소보다 기운이 없는 것 같아요.

125 パリの＿＿＿＿＿＿都市に行ってみたいです。

파리 같은 도시에 가 보고 싶어요.

126 もう梅雨入りした＿＿＿＿＿＿＿＿＿＿。

벌써 장마가 시작된 것 같아요.

127 同僚に頼もう＿＿＿＿＿＿＿＿＿＿＿＿＿。

동료에게 부탁하려고 했어요.

128 よく見える＿＿＿＿＿＿、前の席に座りましょう。

잘 보이도록 앞쪽에 앉아요.

129 今度からはミスしない＿＿＿＿＿＿＿＿＿。

앞으로는 실수하지 않도록 할게요.

130 泳げる＿＿＿＿＿＿＿＿＿＿＿＿＿＿＿。

수영을 할 수 있게 되었어요.

131 そんなに高い___、売れないです。

그렇게 비싸면 팔리지 않아요.

132 早く終われ___、行きます。

일찍 끝나면 갈게요.

133 山田さんも誘っ_____来るでしょう。

야마다 씨도 권하면 오겠죠.

134 そんなに痛い_____、早く帰りなさい。

그렇게 아프면 빨리 집에 가요.

135 海外に行く_____お土産を買ってくる。

해외에 갈 때마다 선물을 사 온다.

136 オリンピックは3年_____、行われます。

올림픽은 3년 간격으로 개최됩니다.

137 ハンコの_____、サインも大丈夫です。

도장 대신 사인도 괜찮아요.

138 夕ご飯を作った_____、お弁当も作りました。

저녁을 만든 김에 도시락도 만들었습니다.

139 天気予報の_____、とても暑かったです。

일기예보대로 굉장히 더웠어요.

140 上司に命令される_____報告書を作成した。

상사가 명령하는 대로 보고서를 작성했다.

141 提出してみる＿＿＿＿方法がないです。

제출해 보는 것 외에 방법이 없어요.

142 私＿＿＿＿＿、妹はスポーツが得意です。

나에 비해 동생은 스포츠를 잘해요.

143 彼は開発計画＿＿＿＿＿反対している。

그는 개발 계획에 대해서 반대하고 있다.

144 お腹が空いて、なんでも食べられる＿＿＿＿＿。

배가 고파서 뭐든 먹을 수 있을 정도예요.

145 練習すれ＿する＿＿＿、上手になる。

연습하면 할수록 잘하게 된다.

146 スマホ＿＿＿便利なもの＿＿＿＿。

스마트폰만큼 편리한 것은 없어.

147 着物の魅力＿＿＿＿＿。

기모노의 매력에 빠져있어요.

148 妹は先生になり＿＿＿＿＿。

여동생은 선생님이 되고 싶어 해요.

149 吉田さんは約束を忘れ＿＿＿＿＿。

요시다 씨는 툭하면 약속을 잊어버려요.

150 うちの母は最近怒っ＿＿＿＿＿。

우리 엄마는 요즘 화만 내요.

151 散歩している＿＿＿＿＿＿、偶然、知り合いに会った。

산책하는 중에 우연히 지인을 만났다.

152 今回の試験は間違い＿＿＿＿＿＿でした。

이번 시험은 실수투성이였어요.

153 火事で木＿＿＿＿＿＿木が燃えてしまった。

화재로 나무란 나무가 모두 타 버렸다.

154 未来＿＿＿＿＿＿分からないことです。

미래라는 건 알 수 없는 일이에요.

155 大学の代表＿＿＿＿＿＿、参加しました。

대학의 대표로 참가했어요.

156 先生＿＿＿＿＿＿、学生が最後まで頑張ってほしいです。

선생님으로서는 학생이 마지막까지 힘을 냈으면 좋겠어요.

157 茶道や華道＿＿＿＿＿＿どうですか。

다도나 꽃꽂이 같은 거 어때요?

158 登録方法＿＿＿＿＿＿詳しく教えてください。

등록 방법에 대해 자세히 알려주세요.

159 環境問題は人類＿＿＿＿＿＿、深刻な問題です。

환경 문제는 인류에게 심각한 문제예요.

160 掃除＿＿＿＿＿＿、洗濯もしなければならない。

청소는 물론 빨래도 해야 해.

161 一枚の写真_____、人生が変った。

한 장의 사진을 계기로 인생이 바뀌었다.

162 入院し_____、健康の大切さを思い知った。

입원 후에야 건강의 소중함을 깨달았다.

163 登録する_____、パスワードが必要です。

등록하려면 패스워드가 필요해요.

164 地域_____物価が異なります。

지역에 따라서 물가가 다릅니다.

165 日本語の勉強_____日本の文化を学びました。

일본어 공부를 통해 일본 문화를 배웠어요.

166 健康問題で、休学する_____。

건강 문제로 휴학할 수밖에 없어.

167 今回の旅行はキャンセルする_____。

이번 여행은 취소할 수밖에 없어요.

168 とても悲しくて見_____。

도저히 슬퍼서 보고 있을 수가 없어요.

169 節約するには、外食をしない_____。

절약하려면 외식하지 말아야 해요.

170 まず、計画から立てる_____。

우선, 계획부터 세워야 해요.

171 親^{おや}は子供^{こども}の面倒^{めんどう}をちゃんと見^みる_____。

부모는 아이를 잘 돌봐야 하는 법이에요.

172 近^{ちか}いので、車^{くるま}で行^いく_____。

가까워서 차로 갈 필요도 없어요.

173 何^{なに}も心配^{しんぱい}する_____。

아무것도 걱정할 필요는 없어요.

174 優勝^{ゆうしょう}チームだから、強^{つよ}い_____。

우승팀이니까, 분명히 강할 거예요.

175 スジが私^{わたし}を騙^{だま}す_____。

수지가 나를 속일 리가 없어.

176 山田^{やまだ}さんは料理^{りょうり}を習^{なら}ったから、料理^{りょうり}が上手^{じょうず}な_____。

야마다 씨는 요리를 배웠기 때문에 요리를 잘하는 거예요.

177 こんなに重^{おも}い荷物^{にもつ}を一人^{ひとり}で運^{はこ}べる_____。

이렇게 무거운 짐을 혼자서 옮길 수 있을 리가 없어요.

178 明日^{あした}試験^{しけん}なので、休^{やす}む_____。

내일 시험이니까 쉴 수는 없어.

179 彼^{かれ}は時間^{じかん}どおりに来^くる_____。

그는 틀림없이 시간대로 올 거예요.

180 自分^{じぶん}でやらないと意味^{いみ}ない_____。

스스로 하지 않으면 의미 없잖아.

181 午後から晴れる_____。

오후부터 맑아진대.

182 医者_____、お酒よりタバコの方が体に悪いらしい。

의사에 의하면, 술보다 담배가 몸에 안 좋다고 한다.

183 暖かくなる_____、花の数が増えていく。

따뜻해지면서 꽃의 수가 늘어간다.

184 研究_____、そんなに立派なものじゃないです。

연구라고 해도 그렇게 훌륭한 건 아니에요.

185 つまり、全員参加_____。

다시 말해, 전원 참가라는 거네요.

186 音楽心理治療_____分野に興味があります。

음악 심리 치료와 같은 분야에 흥미가 있어요.

187 家族に_____何も言わずに急に外国へ行った。

가족에게게조차 말도 없이 갑자기 외국으로 갔다.

188 暇で_____漫画を読んでいます。

틈만 나면 만화를 읽고 있어요.

189 申請書は事務室に出せ_____。

신청서는 사무실에 내면 돼요.

190 前もって勉強すれ_____。

미리 공부할 걸 그랬어.

191 ここで待っ＿＿＿＿＿＿＿＿＿＿＿です。

여기서 기다려도 소용없어요.

192 プレゼントでも買っ＿＿＿＿＿＿＿＿＿＿。

선물이라도 사는 게 어때요?

193 自分の分まで食べ＿＿＿＿＿＿＿＿＿。

본인 몫까지 먹게 해 줬어요.

194 荷物をベンチに置か＿＿＿＿＿＿＿＿＿。

짐을 벤치에 두게 해 주었다.

195 書類を郵便で送っ＿＿＿＿＿＿＿＿＿＿＿＿…。

서류를 우편으로 보내주시면 좋겠습니다만….

196 到着し＿＿＿＿＿＿＿とても緊張してきました。

도착하자마자 무척 긴장됐어요.

197 メールを送り＿＿＿＿＿＿＿＿＿。

메일을 다시 보내주세요.

198 最近、英会話を習い＿＿＿＿＿＿＿＿。

최근, 영어 회화를 배우기 시작했어요.

199 自転車を駅に置き＿＿＿＿＿にして、盗まれた。

자전거를 역에 둬서 도난당했다.

200 学校から駅まで近かった＿＿＿＿？

학교에서 역까지 가까웠나?

👋 지금까지 배운 문장 패턴을 말하고, 따라 써 보며 체크해 보세요.

패턴 001
私は学生です。 저는 학생이에요.

私は学生です。 ☑☐☐

패턴 002
明日は休みじゃないです。 내일은 휴일이 아니에요.

明日は休みじゃないです。 ☐☐☐

패턴 003
昨日は休みでした。 어제는 쉬는 날이었어요.

昨日は休みでした。 ☐☐☐

패턴 004
今日はサンドイッチじゃなかったです。

오늘은 샌드위치가 아니었어요.

今日はサンドイッチじゃなかったです。 ☐☐☐

패턴 005
ここは有名です。 이곳은 유명해요.

ここは有名です。 ☐☐☐

패턴 006
ラーメンは好きじゃないです。 라멘은 좋아하지 않아요.

ラーメンは好きじゃないです。 ☐☐☐

패턴 007
アプリは不便でした。 어플은 불편했어요.

アプリは不便でした。 ☐☐☐

패턴 008

こうつう べんり
交通は便利じゃなかったです。　교통은 편리하지 않았어요.

こうつう べんり
交通は便利じゃなかったです。 □□□

패턴 009

ぎんざ ゆうめい ところ
銀座は有名な所です。　긴자는 유명한 곳이에요.

ぎんざ ゆうめい ところ
銀座は有名な所です。 □□□

패턴 010

やす
これは安いです。　이건 저렴해요.

やす
これは安いです。 □□□

패턴 011

おきなわ さむ
沖縄は寒くないです。　오키나와는 춥지 않아요.

おきなわ さむ
沖縄は寒くないです。 □□□

패턴 012

とうきょう たの
東京は楽しかったです。　도쿄는 즐거웠어요.

とうきょう たの
東京は楽しかったです。 □□□

패턴 013

きのう いそが
昨日は忙しくなかったです。　어제는 바쁘지 않았어요.

きのう いそが
昨日は忙しくなかったです。 □□□

패턴 014

から
辛いラーメンです。　매운 라멘이에요.

から
辛いラーメンです。 □□□

패턴 015 これはひらがなで、あれはカタカナです。

이건 히라가나이고, 이건 가타카나예요.

これはひらがなで、あれはカタカナです。 ☐☐☐

패턴 016 きれいで、静(しず)かです。 깨끗하고 조용해요.

きれいで、静(しず)かです。 ☐☐☐

패턴 017 とても甘(あま)くて、美味(おい)しいです。 무척 달고 맛있어요.

とても甘(あま)くて、美味(おい)しいです。 ☐☐☐

패턴 018 ホテルのロビーに、傘(かさ)があります。

호텔 로비에 우산이 있습니다.

ホテルのロビーに、傘(かさ)があります。 ☐☐☐

패턴 019 私(わたし)は、空港(くうこう)にいます。 저는 공항에 있어요.

私(わたし)は、空港(くうこう)にいます。 ☐☐☐

패턴 020 アイスコーヒーを飲(の)みます。 아이스 커피를 마실 거예요.

アイスコーヒーを飲(の)みます。 ☐☐☐

패턴 021 写真は撮りません。　사진은 찍지 않겠습니다.

しゃしん　と
写真は撮りません。　□□□

패턴 022 ネット小説を読みました。　웹소설을 읽었어요.

しょうせつ　よ
ネット小説を読みました。　□□□

패턴 023 でも、お土産は買いませんでした。　그런데 기념품은 사지 않았어요.

みやげ　か
でも、お土産は買いませんでした。　□□□

패턴 024 天丼食べましょう。　텐동 먹읍시다.

てんどん　た
天丼食べましょう。　□□□

패턴 025 一緒に帰りませんか。　같이 집에 돌아가지 않을래요?

いっしょ　かえ
一緒に帰りませんか。　□□□

패턴 026 海外旅行に行きたいです。　해외여행을 가고 싶어요.

かいがいりょこう　い
海外旅行に行きたいです。　□□□

패턴 027 画面が大きくて、見やすいです。　화면이 커서 보기 편해요.

がめん　おお　み
画面が大きくて、見やすいです。　□□□

패턴 028 少し分かりにくいです。 조금 이해하기 어려워요.

少し分かりにくいです。 ☐☐☐

패턴 029 テレビ見ながら宿題しました。 TV 보면서 숙제했어요.

テレビ見ながら宿題しました。 ☐☐☐

패턴 030 昨日お酒を飲みすぎました。頭が痛いです。

어제 술을 너무 많이 마셨어요. 머리가 아파요.

昨日お酒を飲みすぎました。頭が痛いです。 ☐☐☐

패턴 031 今日、飲みに行きませんか。 오늘 한잔하러 가지 않을래요?

今日、飲みに行きませんか。 ☐☐☐

패턴 032 もうすぐ終わりそうです。 이제 곧 끝날 것 같아요.

もうすぐ終わりそうです。 ☐☐☐

패턴 033 砂糖は入れないです。 설탕은 넣지 않아요.

砂糖は入れないです。 ☐☐☐

패턴 034

ごめんなさい。醤油を入れなかったです！

미안해요. 간장을 안 넣었어요!

ごめんなさい。醤油を入れなかったです！ ☐☐☐

패턴 035

遅刻しないでください。 지각하지 말아 주세요.

遅刻しないでください。 ☐☐☐

패턴 036

そんなに急がなくてもいいです。 그렇게 서두르지 않아도 돼요.

そんなに急がなくてもいいです。 ☐☐☐

패턴 037

土曜日はお見舞いに行かなければなりません。

토요일은 병문안을 가야 돼요.

土曜日はお見舞いに行かなければなりません。 ☐☐☐

패턴 038

友達に会って、ショッピングして、カフェに行きました。

친구를 만나서 쇼핑하고, 카페에 갔어요.

友達に会って、ショッピングして、カフェに行きました。☐☐☐

패턴 039

このアパートの2階に住んでいます。

이 아파트 2층에 살고 있어요.

このアパートの2階に住んでいます。 ☐☐☐

패턴 040

つぎ　しんごう　みぎ　ま
次の信号で右に曲がってください。

다음 신호에서 오른쪽으로 돌아주세요.

つぎ　しんごう　みぎ　ま
次の信号で右に曲がってください。 □□□

패턴 041

となり　すわ
隣に座ってもいいですか。 옆에 앉아도 되나요?

となり　すわ
隣に座ってもいいですか。 □□□

패턴 042

わたし　た
私が食べてみます。 제가 먹어 볼게요.

わたし　た
私が食べてみます。 □□□

패턴 043

まど　あ
窓が開けてあります。 창문이 열려 있어요.

まど　あ
窓が開けてあります。 □□□

패턴 044

かのじょ　わか
彼女と別れた。 여자 친구랑 헤어졌어.

かのじょ　わか
彼女と別れた。 □□□

패턴 045

い
おしゃべりをしたり、カフェに行ったりします。

수다를 떨거나 카페에 가거나 해요.

い
おしゃべりをしたり、カフェに行ったりします。 □□□

패턴 046 先週撮った写真です。 지난주에 찍은 사진이에요.

先週撮った写真です。 □□□

패턴 047 マックブックプロがほしいです。 맥북 프로가 갖고 싶어요.

マックブックプロがほしいです。 □□□

패턴 048 癒し系の人が好きです。 마음을 편하게 해 주는 사람이 좋아요.

癒し系の人が好きです。 □□□

패턴 049 お料理がお上手ですね。 요리를 잘하시네요.

お料理がお上手ですね。 □□□

패턴 050 あ…私は水泳は苦手です。 아...저는 수영은 잘 못해요.

あ…私は水泳は苦手です。 □□□

패턴 051 実は…私、テニスが得意です。 사실은… 저 테니스를 잘해요.

実は…私、テニスが得意です。 □□□

패턴 052 ライン送っておきます。 라인 보내두겠습니다.

ライン送っておきます。 □□□

패턴 053 食事をしてから飲んでください。　식사를 하고 나서 드세요.

食事をしてから飲んでください。 ☐☐☐

패턴 054 寝坊してしまいました。　늦잠 자 버렸어요.

寝坊してしまいました。 ☐☐☐

패턴 055 クーラーをつけたまま、寝てしまいました。

에어컨을 켠 채로 잠들어 버렸어요.

クーラーをつけたまま、寝てしまいました。 ☐☐☐

패턴 056 休日は平日より人が多いです。　휴일은 평일보다 사람이 많아요.

休日は平日より人が多いです。 ☐☐☐

패턴 057 ホットとアイス、どっちが好きですか。

따뜻한 커피랑 아이스 커피, 어느 쪽이 좋아요?

ホットとアイス、どっちが好きですか。 ☐☐☐

패턴 058 私は映画よりアニメの方が好きです。

저는 영화보다 애니메이션을 좋아해요.

私は映画よりアニメの方が好きです。 ☐☐☐

패턴 059 日本のアニメの中で、ジブリが一番好きです。

일본 애니메이션 중에서 지브리가 가장 좋아요.

日本のアニメの中で、ジブリが一番好きです。　□□□

패턴 060 ワーキングホリデーに行くことになりました。

워킹 홀리데이를 가게 되었어요.

ワーキングホリデーに行くことになりました。　□□□

패턴 061 明日から毎朝、英会話を勉強することにしました。

내일부터 매일 아침, 영어 회화를 공부하기로 했어요.

明日から毎朝、英会話を勉強することにしました。　□□□

패턴 062 SNSで見たことがあります。　SNS에서 본 적 있어요.

SNSで見たことがあります。　□□□

패턴 063 優しさに惚れました。　자상함에 반했어요.

優しさに惚れました。　□□□

패턴 064 今は納豆が好きになりました。　지금은 낫또를 좋아하게 되었어요.

今は納豆が好きになりました。　□□□

패턴 065

本当に暑くなりました。夏ですね。

정말 더워졌어요. 여름이네요.

本当に暑くなりました。夏ですね。　□□□

패턴 066

もう寒くなってきました。 벌써 추워졌네요.

もう寒くなってきました。　□□□

패턴 067

どんどん暑くなっていきます。 점점 더워져가네요.

どんどん暑くなっていきます。　□□□

패턴 068

友達が可愛いオルゴールを買ってくれました。

친구가 예쁜 오르골을 사 주었어요.

友達が可愛いオルゴールを買ってくれました。　□□□

패턴 069

おじいさんを家まで送ってあげました。

할아버지를 집까지 모셔다 드렸습니다.

おじいさんを家まで送ってあげました。　□□□

패턴 070

友達に手伝ってもらいました。 친구가 도와줬어요.

友達に手伝ってもらいました。　□□□

패턴 071

せんせい が くわ しく おし えてくださいました。
先生が詳しく教えてくださいました。

선생님이 자세히 가르쳐 주셨어요.

せんせい が くわ しく おし えてくださいました。
先生が詳しく教えてくださいました。 □□□

패턴 072

たくさんのお客さんに来ていただきました。
きゃく   き

많은 손님들이 와 주셨어요.

たくさんのお客さんに来ていただきました。
きゃく   き   □□□

패턴 073

ちょっとこれ、持ってほしいです。 이것 좀 들어주었으면 해요.
         も

ちょっとこれ、持ってほしいです。 □□□
         も

패턴 074

私はオムライスにします。 저는 오므라이스로 할게요.
わたし

私はオムライスにします。 □□□
わたし

패턴 075

履歴書の書き方も分かりません。 이력서 쓰는 법도 모르겠어요.
りれきしょ か かた わ

履歴書の書き方も分かりません。 □□□
りれきしょ か かた わ

패턴 076

急に大雨が降り出しました。 갑자기 폭우가 오기 시작했어요.
きゅう おおあめ ふ だ

急に大雨が降り出しました。 □□□
きゅう おおあめ ふ だ

패턴 077
でん わ
電話とかラインとかします。　　전화라든가 라인이라든가 해요.

でん わ
電話とかラインとかします。　　☐☐☐

패턴 078
ちゃ　お い　　　　　みせ　き れい
お茶も美味しいし、店も綺麗です。

차도 맛있고, 가게도 예뻐요.

ちゃ　お い　　　　　みせ　き れい
お茶も美味しいし、店も綺麗です。　　☐☐☐

패턴 079
　　　　　　　　　おお
このシャツ、もっと大きいのありますか。

이 셔츠 조금 더 큰 것 있나요?

　　　　　　　　　おお
このシャツ、もっと大きいのありますか。　　☐☐☐

패턴 080
まいにち　　べんきょう　　　　　　　かん じ　むずか
毎日、勉強しているけど、漢字が難しいです。

매일 공부하고 있지만, 한자가 어려워요.

まいにち　　べんきょう　　　　　　　かん じ　むずか
毎日、勉強しているけど、漢字が難しいです。　　☐☐☐

패턴 081
きのう はや　ね　　　　　　ねむ
昨日早く寝たのに、また眠いです。

어제 일찍 잤는데도 또 졸려요.

きのう はや　ね　　　　　　ねむ
昨日早く寝たのに、また眠いです。　　☐☐☐

패턴 082
はじ　　　　　　　りょこう　　　　　　　たの
初めてのスイス旅行なので、すごく楽しみです。

처음 가는 스위스 여행이어서 정말 기대돼요.

はじ　　　　　　　りょこう　　　　　　　たの
初めてのスイス旅行なので、すごく楽しみです。　　☐☐☐

패턴 083

外はうるさいから、窓を閉めましょう。

밖은 시끄러우니까 창문을 닫읍시다.

外はうるさいから、窓を閉めましょう。 □□□

패턴 084

ジホにメールしても、全然返事がありません。

지호에게 메일 보내도, 전혀 답장이 없어요.

ジホにメールしても、全然返事がありません。 □□□

패턴 085

いくら食べても飽きない。　아무리 먹어도 질리지 않아.

いくら食べても飽きない。 □□□

패턴 086

たとえ忙しくても、毎日運動をしています。

설령 바쁘더라도, 매일 운동을 하고 있어요.

たとえ忙しくても、毎日運動をしています。 □□□

패턴 087

英語も中国語も話せる。　영어도 중국어도 말할 수 있어.

英語も中国語も話せる。 □□□

패턴 088

写真撮ってもらえませんか。　사진 찍어줄 수 있나요?

写真撮ってもらえませんか。 □□□

패턴 089
よ やく
予約をキャンセルしたいんですけど。 예약 취소하고 싶은데요.

よ やく
予約をキャンセルしたいんですけど。 □□□

패턴 090
す
ここでタバコを吸ってはいけません。 여기서 담배를 피우면 안 됩니다.

す
ここでタバコを吸ってはいけません。 □□□

패턴 091
た もの のこ
食べ物を残しちゃだめです。 음식을 남기면 안 돼요.

た もの のこ
食べ物を残しちゃだめです。 □□□

패턴 092
だい す お
大好きなドラマが終わっちゃった。

엄청 좋아하던 드라마가 끝나 버렸어.

だい す お
大好きなドラマが終わっちゃった。 □□□

패턴 093
きょう まつ
今日祭りがあるんです。 오늘 마츠리가 있거든요.

きょう まつ
今日祭りがあるんです。 □□□

패턴 094
あした やす き
明日、休みかどうか、聞いてみます。

내일 쉬는 날인지 어떤지 물어볼게요.

あした やす き
明日、休みかどうか、聞いてみます。 □□□

패턴 095 たぶん、まだ、授業中(じゅぎょうちゅう)だと思(おも)います。

아마 아직 수업 중인 것 같아요.

たぶん、まだ、授業中(じゅぎょうちゅう)だと思(おも)います。 □□□

패턴 096 たぶん、寝(ね)ているだろう。 아마 자고 있겠지.

たぶん、寝(ね)ているだろう。 □□□

패턴 097 渋谷駅(しぶやえき)は人(ひと)が多(おお)かったでしょう。 시부야역은 사람이 많았죠?

渋谷駅(しぶやえき)は人(ひと)が多(おお)かったでしょう。 □□□

패턴 098 電車(でんしゃ)の中(なか)で隣(となり)の人(ひと)に足(あし)を踏(ふ)まれた。

전철에서 옆 사람에게 발을 밟혔어.

電車(でんしゃ)の中(なか)で隣(となり)の人(ひと)に足(あし)を踏(ふ)まれた。 □□□

패턴 099 部長(ぶちょう)は私(わたし)に歌(うた)を歌(うた)わせたよ。 부장님이 나에게 노래를 시켰어.

部長(ぶちょう)は私(わたし)に歌(うた)を歌(うた)わせたよ。 □□□

패턴 100 残業(ざんぎょう)させられたんです。 어쩔 수 없이 야근했어요.

残業(ざんぎょう)させられたんです。 □□□

패턴 101

あめ ふ はや かえ
雨が降らないうちに、早く帰りましょう。

비가 오기 전에 빨리 돌아갑시다.

あめ ふ はや かえ
雨が降らないうちに、早く帰りましょう。　□□□

패턴 102

なつやす あいだ
夏休みの間、ずっとバイトをしていました。

여름 방학 동안, 줄곧 아르바이트를 했어요.

なつやす あいだ
夏休みの間、ずっとバイトをしていました。　□□□

패턴 103

いっしょうけんめいべんきょう ごうかく
一生懸命勉強したおかげで、合格しました。

열심히 공부한 덕분에 합격했어요.

いっしょうけんめいべんきょう ごうかく
一生懸命勉強したおかげで、合格しました。　□□□

패턴 104

てつ や たいちょう わる
徹夜したせいで、体調が悪いです。

밤을 새운 탓에 컨디션이 안 좋아요.

てつ や たいちょう わる
徹夜したせいで、体調が悪いです。　□□□

패턴 105

がくせい がっこう
学生のくせに、学校をサボっている。

학생이면서 학교를 땡땡이쳐.

がくせい がっこう
学生のくせに、学校をサボっている。　□□□

패턴 106

きんちょう しっぱい
緊張したため、失敗してしまいました。　긴장해서 망쳤어요.

きんちょう しっぱい
緊張したため、失敗してしまいました。　□□□

패턴 107 映画が始まる前にトイレに行ってください。

영화가 시작되기 전에 화장실에 다녀오세요.

映画が始まる前にトイレに行ってください。 ☐☐☐

패턴 108 会議を前にして、資料を準備しています。

회의를 앞두고 자료를 준비하고 있어요.

会議を前にして、資料を準備しています。 ☐☐☐

패턴 109 野菜を中心に食べた方がいいです。

채소를 중심으로 먹는 게 좋아요.

野菜を中心に食べた方がいいです。 ☐☐☐

패턴 110 今日から来週にかけてクリスマスケーキを販売します。

오늘부터 다음 주에 걸쳐 크리스마스 케이크를 판매합니다.

今日から来週にかけてクリスマスケーキを販売します。 ☐☐☐

패턴 111 本を読んだ後で、私にも貸してください。

책을 읽은 후에, 저에게도 빌려주세요.

本を読んだ後で、私にも貸してください。 ☐☐☐

패턴 112

しゅうかん　　　　　　あめ　ふ
2週間にわたって雨が降っていますね。

2주간에 걸쳐서 비가 내리고 있네요.

しゅうかん　　　　　　あめ　ふ
2週間にわたって雨が降っていますね。　□□□

패턴 113

みっか
三日ぐらいかかります。　3일 정도 걸려요.

みっか
三日ぐらいかかります。　□□□

패턴 114

いえ　　　がっこう　　　ある　　い
家から学校まで歩いて行きます。　집에서 학교까지 걸어서 가요.

いえ　　　がっこう　　　ある　　い
家から学校まで歩いて行きます。　□□□

패턴 115

そつぎょう　　　　　　しゅうしょく
卒業するまでに就職したいです。

졸업하기 전까지 취직하고 싶어요.

そつぎょう　　　　　　しゅうしょく
卒業するまでに就職したいです。　□□□

패턴 116

そうぞう　　　　　　しあわ
想像するだけで幸せです。　상상만 해도 행복해요.

そうぞう　　　　　　しあわ
想像するだけで幸せです。　□□□

패턴 117

かいしゃ　　　　　　　　　　　　　　　さん か　　　　よ てい
会社のワークショップに参加する予定です。

회사 워크샵에 참가할 예정이에요.

かいしゃ　　　　　　　　　　　　　　　さん か　　　　よ てい
会社のワークショップに参加する予定です。　□□□

패턴 118

実家に帰るつもりです。 본가에 갈 생각이에요.

実家に帰るつもりです。 ☐☐☐

패턴 119

頑張ったから合格するに決まっていますよ。

열심히 했으니까 분명히 합격할 거예요. ☐☐☐

頑張ったから合格するに決まっていますよ。

패턴 120

両親と相談した結果、進学することにしました。

부모님과 상담한 결과, 진학하기로 했어요.

両親と相談した結果、進学することにしました。 ☐☐☐

패턴 121

さあ…来ないかもしれないです。 글쎄요…안 올지도 몰라요.

さあ…来ないかもしれないです。 ☐☐☐

패턴 122

もうないだろうと思いました。 이미 없을 거라고 생각했어요.

もうないだろうと思いました。 ☐☐☐

패턴 123

もう別れたそうです。 이미 헤어졌대요.

もう別れたそうです。 ☐☐☐

패턴 124 店員が忙しいみたいです。 점원이 바쁜 것 같아요.

店員が忙しいみたいです。 □□□

패턴 125 コーヒーのような苦い飲み物は好きじゃないです。

커피 같은 쓴 음료는 안 좋아해요.

コーヒーのような苦い飲み物は好きじゃないです。 □□□

패턴 126 最近、仕事大変らしいですね。 요즘에 일이 힘든 것 같아요.

最近、仕事大変らしいですね。 □□□

패턴 127 今電話しようとしています。 지금 전화하려고 해요.

今電話しようとしています。 □□□

패턴 128 忘れないようにメモしておきました。

잊지 않도록 메모해 두었어요.

忘れないようにメモしておきました。 □□□

패턴 129 明日からは遅れないようにします。

내일부터는 늦지 않도록 할게요.

明日からは遅れないようにします。 □□□

패턴 130

お料理ができるようになりました。

요리를 할 수 있게 되었어요.

お料理ができるようになりました。 ☐☐☐

패턴 131

学生だと割引できます。 학생이라면 할인 가능합니다.

学生だと割引できます。 ☐☐☐

패턴 132

練習すればできます。 연습하면 돼요.

練習すればできます。 ☐☐☐

패턴 133

寒かったらエアコンを消しましょうか。

추우면 에어컨을 끌까요?

寒かったらエアコンを消しましょうか。 ☐☐☐

패턴 134

旅行に行くなら札幌がいいですよ。

여행 간다면 삿포로가 좋아요.

旅行に行くなら札幌がいいですよ。 ☐☐☐

패턴 135

会うたびに好きになります。 만날 때마다 좋아져요.

会うたびに好きになります。 ☐☐☐

패턴 136

いちにち
一日おきにバイトがあります。　하루 걸러서 아르바이트가 있어요.

いちにち
一日おきにバイトがあります。　☐☐☐

패턴 137

きょう　　　はん　か
今日もご飯の代わりにラーメンを食べました。

오늘도 밥 대신에 라면을 먹었어요.

きょう　　　はん　か
今日もご飯の代わりにラーメンを食べました。　☐☐☐

패턴 138

い　　　　　　　　　　　ねが
行くついでにコーラもお願いします。

가는 김에 콜라도 부탁해요.

い　　　　　　　　　　　ねが
行くついでにコーラもお願いします。　☐☐☐

패턴 139

とお　　　　　　　　や
レシピの通り、クッキーを焼きました。

레시피대로 쿠키를 구웠어요.

とお　　　　　　　　や
レシピの通り、クッキーを焼きました。　☐☐☐

패턴 140

ともだち　さそ　　　　　　　　にゅうかい
友達に誘われるままにジムに入会しました。

친구에게 권유 받은 대로 헬스장에 가입했어요.

ともだち　さそ　　　　　　　　にゅうかい
友達に誘われるままにジムに入会しました。　☐☐☐

패턴 141

ほ
アイパッドのほかに欲しいものはないです。

아이패드 외에 갖고 싶은 건 없어요.

ほ
アイパッドのほかに欲しいものはないです。　☐☐☐

패턴 142 マクドナルドに比べてモスバーガーが高いね。

맥도날드에 비해서 모스버거가 비싸네.

マクドナルドに比べてモスバーガーが高いね。 ☐☐☐

패턴 143 うちの母は私に対して厳しすぎる。

우리 엄마는 나한테 너무 엄해.

うちの母は私に対して厳しすぎる。 ☐☐☐

패턴 144 人が多すぎて歩けないほどです。

사람이 너무 많아서 걷지 못할 정도예요.

人が多すぎて歩けないほどです。 ☐☐☐

패턴 145 考えれば考えるほど、分からない。

생각하면 생각할수록 모르겠어.

考えれば考えるほど、分からない。 ☐☐☐

패턴 146 手作り料理ほど美味しいものはない。

손수 만든 요리만큼 맛있는 것은 없어.

手作り料理ほど美味しいものはない。 ☐☐☐

패턴 147 メロンパンにハマっていますよ。 메론빵에 빠져있어요.

メロンパンにハマっていますよ。 ☐☐☐

패턴 148

いもうと あたら か
妹 は新しいスマホを買いたがっています。

여동생은 새 스마트폰을 사고 싶어 해요.

いもうと あたら か
妹 は新しいスマホを買いたがっています。 □□□

패턴 149

ふゆ うんどう ぶ そく
冬は運動不足になりがちです。 겨울은 운동 부족이 되기 쉬워요.

ふゆ うんどう ぶ そく
冬は運動不足になりがちです。 □□□

패턴 150

かれ し
彼氏はゲームしてばかりです。 남자 친구는 게임만 하고 있어요.

かれ し
彼氏はゲームしてばかりです。 □□□

패턴 151

きのう さいちゅう じ しん お
昨日シャワーの最中に地震が起きました！

어제 한창 샤워 중에 지진이 일어났어요!

きのう さいちゅう じ しん お
昨日シャワーの最中に地震が起きました！ □□□

패턴 152

かお
顔がしわだらけだよ。 얼굴이 주름투성이야.

かお
顔がしわだらけだよ。 □□□

패턴 153

きゅうりょう あ うわさ き
給料が上がるという噂、聞きましたか。

월급이 오른다는 소문 들었어요?

きゅうりょう あ うわさ き
給料が上がるという噂、聞きましたか。 □□□

패턴 154 「ぐぐる」というのはどんな意味ですか。

'구구루'라는 건 어떤 의미예요?

「ぐぐる」というのはどんな意味ですか。 □□□

패턴 155 去年、留学生として日本に来ました。

작년에 유학생으로 일본에 왔어요.

去年、留学生として日本に来ました。 □□□

패턴 156 彼としては他に方法がなかったと思います。

그로서는 다른 방법이 없었을 것 같아요.

彼としては他に方法がなかったと思います。 □□□

패턴 157 イタリアンとかフレンチなんかどうですか。

이탈리아 요리나 프랑스 요리 같은 거 어때요?

イタリアンとかフレンチなんかどうですか。 □□□

패턴 158 日本の宗教について研究しています。

일본의 종교에 대해 연구하고 있어요.

日本の宗教について研究しています。 □□□

패턴 159 それは私にとって大切なものです。 그건 저에게 소중한 거예요.

それは私にとって大切なものです。 □□□

패턴 160 子供はもちろん、大人も十分楽しめますから。

아이는 물론 어른도 충분히 즐길 수 있으니까요.

子供はもちろん、大人も十分楽しめますから。 □□□

패턴 161 彼女との喧嘩がきっかけで、別れてしまいました。

여자 친구와 다툼을 계기로 헤어졌어요.

彼女との喧嘩がきっかけで、別れてしまいました。 □□□

패턴 162 生まれてはじめてディズニーランドに行きます。

태어나서 처음으로 디즈니랜드에 가요.

生まれてはじめてディズニーランドに行きます。 □□□

패턴 163 日本で働くにはどんなビザが必要でしょうか。

일본에서 일하려면 어떤 비자가 필요할까요?

日本で働くにはどんなビザが必要でしょうか。 □□□

패턴 164 人によって好みが違いますからね。

사람에 따라서 취향이 다르니까요.

人によって好みが違いますからね。 □□□

패턴 165 アプリを通じて人に出会えます。

앱을 통해서 다른 사람과 만날 수 있어요.

アプリを通じて人に出会えます。 □□□

패턴 166

今日は残業するしかない。 오늘은 야근할 수밖에 없어.

今日は残業するしかない。 ☐☐☐

패턴 167

もう結果を待つほかないです。 이제 결과를 기다리는 수밖에 없어요.

もう結果を待つほかないです。 ☐☐☐

패턴 168

これ以上待ってはいられないです。 더는 기다릴 수 없어요.

これ以上待ってはいられないです。 ☐☐☐

패턴 169

健康が心配なら、タバコをやめることです。

건강이 걱정되면, 담배를 끊어야 해요.

健康が心配なら、タバコをやめることです。 ☐☐☐

패턴 170

保険料を減らすべきです。 보험료를 줄여야 해요.

保険料を減らすべきです。 ☐☐☐

패턴 171

初めは誰でも緊張するものです。

처음에는 누구나 긴장하는 법이에요.

初めは誰でも緊張するものです。 ☐☐☐

패턴 172 レシピを見^みるまでもないです。 레시피를 볼 필요도 없어요.

レシピを見^みるまでもないです。 ☐☐☐

패턴 173 まだ時間^{じ かん}があるから、慌^{あわ}てることはないです。

아직 시간 있으니까 서두를 필요는 없어요.

まだ時間^{じ かん}があるから、慌^{あわ}てることはないです。 ☐☐☐

패턴 174 もう午前^{ご ぜん}11時^じだから、開^あいているはずです。

이미 오전 11시니까, 분명 열려 있을 거예요.

もう午前^{ご ぜん}11時^じだから、開^あいているはずです。 ☐☐☐

패턴 175 え、家^{いえ}にいないはずがないです。 응? 집에 없을 리가 없어요.

え、家^{いえ}にいないはずがないです。 ☐☐☐

패턴 176 それで、ずっと笑顔^{え がお}なわけですね。

그래서 계속 웃는 얼굴인 거네요.

それで、ずっと笑顔^{え がお}なわけですね。 ☐☐☐

패턴 177 逆転^{ぎゃくてん}できるわけがないです。 역전 가능할 리가 없어요.

逆転^{ぎゃくてん}できるわけがないです。 ☐☐☐

패턴 178

さきに $\overset{さき}{先}$ に $\overset{かえ}{帰}$ るわけにはいかない。 먼저 갈 순 없어.

$\overset{さき}{先}$ に $\overset{かえ}{帰}$ るわけにはいかない。 □□□

패턴 179

$\overset{ごうかく}{合格}$ するに $\overset{ちが}{違}$ いないです。 틀림없이 합격할 거예요.

$\overset{ごうかく}{合格}$ するに $\overset{ちが}{違}$ いないです。 □□□

패턴 180

$\overset{きのう}{昨日}$ $\overset{い}{言}$ ったじゃん。 어제 말했잖아.

$\overset{きのう}{昨日}$ $\overset{い}{言}$ ったじゃん。 □□□

패턴 181

$\overset{あした}{明日}$ の $\overset{じゅぎょう}{授業}$ 、 $\overset{やす}{休}$ みだって。 내일 수업 휴강이래.

$\overset{あした}{明日}$ の $\overset{じゅぎょう}{授業}$ 、 $\overset{やす}{休}$ みだって。 □□□

패턴 182

$\overset{せんせい}{先生}$ の $\overset{はなし}{話}$ によると、 $\overset{しけん}{試験}$ は $\overset{むずか}{難}$ しくなるらしいです。

선생님 말씀에 따르면, 시험이 어려워진다고 해요.

$\overset{せんせい}{先生}$ の $\overset{はなし}{話}$ によると、 $\overset{しけん}{試験}$ は $\overset{むずか}{難}$ しくなるらしいです。 □□□

패턴 183

$\overset{し}{締}$ め $\overset{き}{切}$ りが $\overset{ちか}{近}$ づくにつれて、イライラします。

마감이 다가올수록 초조해요.

$\overset{し}{締}$ め $\overset{き}{切}$ りが $\overset{ちか}{近}$ づくにつれて、イライラします。 □□□

패턴 184

留学^{りゅうがく}といっても2週間^{しゅうかん}だけです。   유학이라고 해도 2주뿐이에요.

留学^{りゅうがく}といっても2週間^{しゅうかん}だけです。   ☐☐☐

패턴 185

靴^{くつ}を履^はいてはいけないということですね。

신발을 신으면 안 된다는 거네요.

靴^{くつ}を履^はいてはいけないということですね。   ☐☐☐

패턴 186

でも彼^{かれ}は「何^{なん}で」というような表情^{ひょうじょう}でした。

근데 그는 '왜'라는 듯한 표정이었어요.

でも彼^{かれ}は「何^{なん}で」というような表情^{ひょうじょう}でした。   ☐☐☐

패턴 187

のどが痛^{いた}くて水^{みず}さえ飲^のめない。   목이 아파서 물조차 마실 수 없어.

のどが痛^{いた}くて水^{みず}さえ飲^のめない。   ☐☐☐

패턴 188

パソコンさえあれば、どこでも仕事^{しごと}ができます。

노트북만 있으면 어디서든 일을 할 수 있어요.

パソコンさえあれば、どこでも仕事^{しごと}ができます。   ☐☐☐

패턴 189

3番^{ばん}ホームで乗^のればいいです。   3번 홈에서 타면 됩니다.

3番^{ばん}ホームで乗^のればいいです。   ☐☐☐

패턴 190
しゃしん
写真をもっと撮ればよかった。　사진을 더 찍을 걸 그랬어.
しゃしん　　　　　と
写真をもっと撮ればよかった。　　□□□

패턴 191
いまさら　い
今更言ってもしょうがないですね。

이제 와서 말해도 소용없어요.

いまさら　い
今更言ってもしょうがないですね。　　□□□

패턴 192
いち ど　あ
一度会ってみたらどうですか。　한번 만나보면 어때요?
いち ど　あ
一度会ってみたらどうですか。　　□□□

패턴 193
かいしゃ　　さんきゅう　つか
うちの会社は産休を使わせてくれます。

우리 회사는 출산 휴가를 쓰게 해 줘요.

かいしゃ　　さんきゅう　つか
うちの会社は産休を使わせてくれます。　　□□□

패턴 194
しゃちょう　たか　　　　さし み　　た
社長に高いお刺身を食べさせてもらいました。

사장님이 비싼 회를 먹게 해주었어요.

しゃちょう　たか　　　　さし み　　た
社長に高いお刺身を食べさせてもらいました。　　□□□

패턴 195
のこ　　　　　　　　つつ
残ったものは包んでいただきたいんですが。

남은 건 포장해 주실 수 있을까요?

のこ　　　　　　　　つつ
残ったものは包んでいただきたいんですが。　　□□□

패턴 196
家から出たとたんに大雨が降ってきた。

집에서 나오자마자 폭우가 쏟아졌어.

家から出たとたんに大雨が降ってきた。　□□□

패턴 197
発表の内容を何度も読み直している。

발표 내용을 몇 번이고 다시 읽고 있어.

発表の内容を何度も読み直している。　□□□

패턴 198
健康のためにジムに通い始めました。

건강을 위해 헬스장에 다니기 시작했어요.

健康のためにジムに通い始めました。　□□□

패턴 199
靴下を脱ぎっぱなしにして怒られました。

양말을 벗은 채로 둬서 혼났어요.

靴下を脱ぎっぱなしにして怒られました。　□□□

패턴 200
レポートの締め切り、いつまでだっけ？

리포트 마감, 언제까지였지?

レポートの締め切り、いつまでだっけ？　□□□

정답 및 모범 답안

44p~45p

TEST 1

1　これはラーメンじゃないです。

2　たこ焼きは美味しいです。

3　この本は厚くて、重いです。

TEST 2

1　①　　2　①

TEST 3

1　b　　2　c　　3　a

TEST 4

모범 답안

Ⓐ　運動は好きですか。

Ⓑ　毎日ジョギングをします。

TEST 5

1　大阪は賑やかな町です。

2　朝ご飯はサラダで、昼ご飯はパン
　　です。

3　パスワードを忘れました。

4　このアプリは簡単で、便利です。

68p~69p

TEST 1

1　一緒に帰りませんか。

2　少し分かりにくいです。

3　次の信号で右に曲がってください。

TEST 2

1　①　　2　②

TEST 3

1　a　　2　c　　3　b

TEST 4

모범 답안

Ⓐ　飲みに行きませんか。

Ⓑ　昨日もうお酒を飲みすぎました。

TEST 5

1　お酒を飲みすぎました。

2　炭水化物はほとんど食べません。

3　教室には誰もいませんでした。

4　ここでタバコを吸わないでくだ
　　さい。

90p~91p

TEST 1

1　お料理がお上手ですね。

2　ライン送っておきます。

3　寝坊してしまいました。

TEST 2

1 ①   2 ①

TEST 3

1 b   2 c   3 a

TEST 4

모범 답안

Ⓐ 運動が上手な人が好きです。

Ⓑ 実は私テニスが得意です。

TEST 5

1 掃除をしてから洗濯をしました。

2 クーラーをつけたまま外出しました。

3 来年に留学することになりました。

4 明日からアルバイトすることにしました。

108p~109p

TEST 1

1 彼女にネックレスをしてあげました。

2 両親に仕送りしていただきました。

3 時計が急に動き出しました。

TEST 2

1 ①   2 ②

TEST 3

1 a   2 c   3 b

TEST 4

모범 답안

Ⓐ 急に寒くなりました。

Ⓑ 早く暖かくなってほしいです。

TEST 5

1 映画とかドラマとかあまり好きじゃないです。

2 お料理も美味しいし、お店も綺麗です。

3 少し小さいのありますか。

4 スポーツは上手じゃないけど、好きです。

130p~131p

TEST 1

1 用事があるので、お先に失礼します。

2 暑いから、窓を開けてもいいですか。

3 大丈夫かどうか答えがないですね。

TEST 2

1 ②   2 ②

TEST 3

1 **c**　　2 **a**　　3 **b**

TEST 4

모범 답안

Ⓐ 残_{のこ}しちゃだめです。

Ⓑ いくら食_たべても飽_あきない！

TEST 5

1 運動_{うんどう}は良_よい習慣_{しゅうかん}だと思_{おも}います。

2 父_{ちち}は娘_{むすめ}に部屋_{へや}の掃除_{そうじ}をさせた。

3 急_{きゅう}に友達_{ともだち}に頼_{たの}まれました。

4 駅_{えき}で友達_{ともだち}を1時間_{じかん}も待_またせられた。

168p~169p

TEST 1

1 帽子_{ぼうし}から靴_{くつ}まで新_{あたら}しく買_かいました。

2 今年_{ことし}には車_{くるま}を買_かうつもりです。

3 毎日運動_{まいにちうんどう}した結果_{けっか}、5キロ痩_やせました。

TEST 2

1 ②　　2 ②

TEST 3

1 **b**　　2 **c**　　3 **a**

TEST 4

모범 답안

Ⓐ 家_{いえ}も近_{ちか}いくせに、いつも遅刻_{ちこく}するね！

Ⓑ 事故_{じこ}のために、遅刻_{ちこく}してしまいました。

TEST 5

1 毎日勉強_{まいにちべんきょう}した結果_{けっか}、日本語_{にほんご}が上手_{じょうず}になりました。

2 その噂_{うわさ}わは、嘘_{うそ}に決_きまっています。

3 会議_{かいぎ}はもう終_おわったかもしれないです。

4 あまり人気_{にんき}がないだろうと思_{おも}いました。

192p~193p

TEST 1

1 子供_{こども}のような可愛_{かわい}さがあります。

2 メッセージも残_{のこ}しますようにします。

3 献立_{こんだて}を管理_{かんり}すると、健康_{けんこう}になります。

TEST 2

1 ②　　2 ②

TEST 3

1 a 2 b 3 c

TEST 4

모범 답안

Ⓐ 最近、忙しいみたいです。

Ⓑ はい。一日おきに出張があります。

TEST 5

1 彼氏ほど優しい人はいないです。

2 疲れて、ご飯食べるのも忘れるほどです。

3 聞けば聞くほど、分かりません。

4 映画が予想した通りに面白くなかったです。

216p~217p

TEST 1

1 妹は先生になりたがっています。

2 大阪の難波という所へ行きました。

3 就活というのは、就職活動のことです。

TEST 2

1 ② 2 ①

TEST 3

1 c 2 a 3 b

TEST 4

모범 답안

Ⓐ 冬は運動不足になりがちです。

Ⓑ 運動はもちろん、献立も重要だ。

TEST 5

1 大学によって特徴があります。

2 生まれてはじめてお酒を飲みました。

3 一回の試験がきっかけで、人生が変わりました。

4 美味しい食べ物は私にとって最大の幸せです。

238p~239p

TEST 1

1 とても悲しくて見てはいられないです。

2 誰でも、残業は嫌なものです。

3 山田さんが仕事を辞めるはずがないです。

TEST 2

1 ① 2 ①

TEST 3

1 b 2 a 3 c

TEST 4

모범 답안

Ⓐ 山田さん、別れたそうって。

Ⓑ 二人はまた付き合うはずです。

TEST 5

1 無理やり勉強することはないです。

2 休日だから、混雑なわけです。

3 二人が別れるわけがないです。

4 勉強が大変だといっても、大学院
ほどではない。

254p~255p

TEST 1

1 家族にさえ何も言わずに急に外国
へ行った。

2 スマホさえあれば、予約できます。

3 作文の宿題を見ていただきたいん
ですが。

TEST 2

1 ②　　2 ②

TEST 3

1 b　　2 c　　3 a

TEST 4

모범 답안

Ⓐ 立ち上がったとたんにめまいがし
ました。

Ⓑ 病院に行ってみたらどうですか。

TEST 5

1 本人の分まで食べさせてくれま
した。

2 請求書を送らせてもらいます。

3 今朝から雪が降り始めました。

4 レポート提出の締め切り、いつま
でだっけ。